1 現在の文

Mika goes to school by bus.

1 次の英文の( )内から適切な語を○で囲みなさい。(8点×4)

(1) Lucy and I (am, are, is, do) from Canada.

(2) (Is, Are, Do, Does) that Tom's soccer ball ?

(3) These boys (is, are, isn't, aren't) my friends. They are my brothers.

(4) Who (is, cook, cooks, cooking) lunch on Sundays ?

2 次の英文の( )内の語を，適切な現在形にかえなさい。(8点×3)

(1) Lisa (study) French every night.

(2) My father (watch) TV news every mo

(3) One of my friends (have) a car.

JN124411

3 次の英文を( )内の指示に従って書きかえるとき，適切な語を書きなさ
い。(8点×4)

(1) My mother leaves home at seven. (否定文に)

My mother .... home at seven.

(2) Is that an expensive knife ? (下線部を複数形に)

.... expensive .... ?

(3) Tom plays tennis in the park after school. (下線部をたずねる文に)

.... Tom .... tennis after school ?

(4) We have a lot of snow here in winter. (ほぼ同じ意味の文に)

.... a lot here in winter.

4 次の日本文に合うように，( )内の語句を並べかえなさい。(12点)

ここから美術館に行くにはいくらかかりますか。

(from, it, to, here, does, how much, to, cost, go) ?

.... the museum ?

② 命令文

Open the window.

1 次の日本文に合うように，（ ）内から適切な語句を○で囲みなさい。

(1) 立ちなさい，タク。 （ Stands， Stand ） up, Taku. （5点×4）

(2) アビーに親切にしてください。 （ Do， Be ） kind to Abby, please.

(3) ジャック，窓を閉めなさい。 Jack, (close， closes) the window.

(4) 助けてください，ジェニー。 （ You help． Please help ） me, Jenny.

2 次の日本文に合うように，適切な語を書きなさい。(10点×5)

(1) この湖で泳いではいけません。

．．．．．．．．．．．．．．．．．．．．．．．．．．．．．．．．． in this lake.

(2) 公園に行きましょう。── はい，行きましょう。

．．．．．．．．．．．．．．．．．．．．．．．．．．．．．．．．． to the park. ── Yes, ．．．．．．．．．．．．．．．．．． .

(3) 買い物へ行きましょう。── いいえ，よしましょう。

．．．．．．．．．．．．．．． go shopping. ── No, ．．．．．．．．．．．．．．．．．．．．．．．．．．．．．．．．． .

(4) ここでさわいではいけません。

．．．．．．．．．．．．．．．．．．．．．．．．．．．．． noisy here.

(5) サッカーを一生懸命に練習しなさい，そうすれば試合に勝つでしょう。

．．．．．．．．．．．．．．． soccer hard, ．．．．．．．．．．．．．．． you will win the game.

3 次の各組の英文がほぼ同じ意味になるように，適切な語を書きなさい。

(1) { Take a number 5 bus, and you will get to the zoo. （10点×3）
A number 5 bus will ．．．．．．．．．．．．．．．．．．．．．．．．．．．．． to the zoo.

(2) { You must try hard if you want to pass the exam.
合格する
．．．．．．．．．．．．．．．．．．．．．．．．．．．．．．，．．．．．．．．．．．．．．．． you won't pass the exam.

(3) { Be a good boy in the hospital, Tom.
．．．．．．．．．．．．．．．．．．．．．．．．． a bad boy in the hospital, Tom.

現在進行形・can を使った文

I am writing a letter now.

1 次の英文の（　）内から適切な語を〇で囲みなさい。(8点 × 4)

(1) Mike and Kate （ is,　was,　are,　were ） enjoying the party now.

(2) What is your brother （ do,　does,　did,　doing ） now ?

(3) Dick can （ play,　plays,　playing,　played ） the guitar.

(4) "（ Did,　Can,　Are,　Do ） you come to my house tomorrow ?"

"Sorry. I must take care of my brother."
　　　　　　　　～の世話をする

2 次の英文を（　）内の指示に従って書きかえるとき，適切な語を書きなさ
い。(10点 × 3)

(1) Judy doesn't make a cake.（現在進行形の文に）

Judy .... a cake now.

(2) Your father speaks French.（canを使って疑問文に）
　　　　　　　　　　　　　フランス語
.... your father .... French ?

(3) Emily can drive a car.（下線部をたずねる文に）

.... a car ?

3 適切な語を入れて，対話文を完成しなさい。(10点 × 3)

(1) A : .... Kenji .... judo ?

B : He is practicing it at Jenny's high school.

(2) A : Can you help me with my report now, Max ?
　　　　　　　　　　　　　　　　　レポート
B : ...., I ...., but I can help you tomorrow morning.

(3) A : .... you leave home ?

B : I can leave home at four o'clock.

4 次の2つの英文がほぼ同じ意味になるように,適切な語を書きなさい。(8点)

My sister is a good singer.

My sister can ....

4 過去・未来を表す文①

Tom went to London last year.

1 次の英文の（　）内から適切な語句を〇で囲みなさい。(4点×5)

(1) I（ am, was, were, will be ）at home last night.

(2) The child was（ sit, sits, sat, sitting ）on the floor then.

(3) We（ will, are going, will be, were ）learn cooking tomorrow.

(4) David is（ will, going, be going to, going to ）visit Kyoto next month.

(5) My brother（ doesn't, isn't, didn't, wasn't ）wash his car yesterday.

2 次の英文の（　）内の語を，適切な形にかえなさい。２語になる場合もあります。(8点×6)

(1) Emily and I（ are ）college students ten years ago.　.............................

(2) Mike（ write ）a letter to Mary last Sunday.　.............................

(3) I（ am ）busy next month.　.............................

(4) You were（ swim ）in the sea at that time.　.............................

(5) Tomorrow morning, Jane（ run ）to the park near her house.　.............................

(6) My grandfather（ buy ）me an interesting book yesterday.　.............................

3 次の英文を（　）内の指示に従って書きかえるとき，適切な語を書きなさい。

(1) Aya reads many books.（過去を表す文に）　(8点×4)

　　Aya .... many books.

(2) Does Kumi write to her grandmother ?（未来を表す文に）
　　　　　　　～に手紙を書く
　　............................. Kumi .... write to her grandmother ?

(3) Jenny made cookies.（過去進行形の文に）

　　Jenny .... cookies.

(4) Who came to your house first ?（答えの文を完成する）

　　Tom ....

5 過去・未来を表す文 ②

I'm going to visit Okinawa tomorrow.

合格点 **80** 点
得 点
点
解答 ➡ P.64

1 次の日本文に合うように，適切な語を書きなさい。(12点 × 4)

(1) 彼女は広島でたくさんの写真を撮りました。

She ＿＿＿＿＿ a lot of ＿＿＿＿＿ in Hiroshima.

(2) 私がサキを訪ねたとき，彼女はフルートを吹いていました。

When I ＿＿＿＿＿ Saki, she ＿＿＿＿＿＿＿＿＿ the flute.

(3) 彼は今日，英語を勉強するつもりはありません。

He ＿＿＿＿＿＿＿＿＿ English today.

(4) あなたは昨年の夏，どこにいましたか。

＿＿＿＿＿＿＿＿＿＿＿＿ last summer ?

2 次の日本文に合うように，( )内の語句を並べかえなさい。(10点 × 3)

(1) 彼女はそこで何を買いましたか。　(she, what, buy, did) there ?

＿＿＿＿＿＿＿＿＿＿＿ there ?

(2) トムとメアリーは英語の歌を歌うつもりですか。

(sing, and Mary, will, Tom) English songs ?

＿＿＿＿＿＿＿＿＿＿＿ English songs ?

(3) あなたはいつあなたのいとこに会うつもりですか。

(are, to, see, going, when, you) your cousin ?
　　　　　　　　　　　　　いとこ

＿＿＿＿＿＿＿＿＿＿＿ your cousin ?

3 次の各組の英文がほぼ同じ意味になるように，適切な語を書きなさい。

(1) { We will cook lunch today.　　　　　　　　　(11点 × 2)
　　{ We ＿＿＿＿＿＿＿＿＿ cook lunch today.

(2) { I'm not going to be fifteen next month.
　　{ I ＿＿＿＿＿＿＿ fifteen next month.

6 まとめテスト ①

1 適切な語を下から選び，正しい形に直して書きなさい。(8点×3)

(1) .... flowers are very beautiful.

(2) *A*：What club activity does Tom do ?

　　B：He .... basketball.

(3) *A*：Why were you absent from school yesterday ?

　　B：Because I .... a cold.

〔 week, have, this, play, like 〕

2 次の日本文に合うように，適切な語を書きなさい。(10点×5)

(1)「あの少年たちはだれですか。」「彼らは私の息子たちです。」

"Who .... those boys ?" " .... my sons."

(2) 6 月には雨がたくさん降ります。

.... a lot in June.

(3) だれが中国語を上手に話すことができますか。

.... Chinese well ?

(4)「明日，動物園に行きましょう。」「はい，そうしましょう。」

" .... to the zoo tomorrow." "Yes, ..."

(5) あなたのお父さんはそのときテレビを見ていたのですか。

.... your father .... TV then ?

3 次の日本文を英語に直しなさい。(13点×2)

(1) お年寄りには親切にしなさい。

....

(2) あなたは明日，何をするつもりですか。

....

7 There is(are) ～構文

There are two cats under the chair.

1 次の日本文に合うように，適切な語を書きなさい。(10点 × 3)

(1) 壁に 1 枚の美しい絵がかかっています。

.... a beautiful picture .... the wall.

(2) その動物園にはたくさんの動物がいますか。

.... a lot of animals .... the zoo ?

(3) 窓のそばに 1 匹のねこがいます。

.... a cat .... the window.

2 次の英文を(　)内の指示に従って書きかえなさい。(10点 × 2)

(1) There was a museum around here. (否定文に)

....

(2) There was a CD shop in this town. (下線部をsomeにかえて)

....

3 適切な語を入れて，対話文を完成しなさい。(10点 × 2)

(1) *A* : Is there a library near your house ?

B : No, ...

(2) *A* : How many students are there in your class ?

B : .... forty students.

4 次の各組の英文がほぼ同じ意味になるように，適切な語を書きなさい。

(1) { How many notebooks do you have in your bag ?　　　　(15点 × 2)

　　{ How many notebooks .... in your bag ?

(2) { There is no water in the glass.

　　{ .... water in the glass.

—7—

8 付加疑問文・感嘆文

You like tomatoes, don't you ?

1 次の日本文に合うように，適切な語を書きなさい。(9点 × 4)

(1) サリーはとても忙しかったのですね。

Sally ＿＿＿＿＿＿ very busy, ＿＿＿＿＿＿＿＿＿ ?

(2) マイクとナンシーはスケートができませんよね。

Mike and Nancy can't skate, ＿＿＿＿＿＿＿＿＿＿＿ ?

(3) そのコンサートに行きましょうね。

Let's go to the concert, ＿＿＿＿＿＿＿＿ ?

(4) ケン，自分の部屋を掃除しなさいね。

Ken, clean your room, ＿＿＿＿＿＿＿ ?

> 付加疑問文は相手に同意を求めたり，確認したりするときの表現だよ。

2 次の日本文に合うように，( )内の語を並べかえなさい。(12点 × 3)

(1) あの少年たちは一生懸命に勉強していませんでしたよね。

(they / study / those / did / hard / boys / didn't / ,)?

＿＿＿＿＿＿＿＿＿＿＿＿＿＿＿＿＿＿＿＿＿ ?

(2) この花はなんて美しいのでしょう。　(beautiful, is, this, how, flower)!

＿＿＿＿＿＿＿＿＿＿＿＿＿＿＿＿＿＿＿＿＿ !

(3) これはなんておもしろい映画なのでしょう。

(movie, is, interesting, this, an, what)!

＿＿＿＿＿＿＿＿＿＿＿＿＿＿＿＿＿＿＿＿＿ !

3 次の英文を日本語に直しなさい。(14点 × 2)

(1) You knew the truth then, didn't you ?

真実

[　　　　　　　　　　　　　　　　　　　　　　　　　　]

(2) How fast Tom runs !

[　　　　　　　　　　　　　　　　　　　　　　　　　　]

合格点 **80** 点
得点
点
解答 ➡ P.65

1 次の英文の（　）内から適切な語を〇で囲みなさい。(8点 × 5)

(1) I like swimming, (and,　or,　but) my sister doesn't.

(2) Study hard, (and,　or,　so) you can answer these questions.

(3) Beth got up late, (because,　as,　though,　so) she missed the train and was late for school.

(4) I could finish my homework, (and,　but,　or) I was very happy.

(5) Which color do you like, red (and,　but,　or) blue ?

2 次の日本文に合うように，適切な語を書きなさい。(9点 × 4)

(1) 今すぐ出発しなさい，さもないと最終バスを逃しますよ。

Start right now, ... you .... miss the last bus.
出発する

(2) 私は雨の日は自転車ではなく，車で出かけます。

I go out .... by bike .... by car on a rainy day.

(3) あなたはこの本かあの本を借りることができます。

You can borrow this book .... that one.

(4) 彼は7時に起きて，学校に行きます。

He gets up at 7 a.m. .... goes to school.

3 次の日本文に合うように，（　）内の語を並べかえなさい。(12点 × 2)

(1) 彼女は日本語だけでなく，英語も話せますか。

(English,　only,　speak,　but,　she,　also,　can,　not,　Japanese)?

.... ?

(2) 私は理科も数学も大好きです。

(and,　I,　math,　love,　science,　both).

....

—9—

接続詞②

When I was young, I liked baseball.

1 次の日本文に合うように，適切な語を書きなさい。(8点×4)

(1) 彼はきっとこのマンガ本が気に入ると思います。

I'm .... he will like this comic book.

(2) 彼女は私にその話は本当だと言いました。

She .... the story was true.

(3) 私が彼を訪ねたとき，彼は犬の世話をしていました。

.... I visited him, he .... taking care of his dog.

(4) もし空腹なら，これらのハンバーガーを食べてください。

.... you are hungry, please eat these hamburgers.

2 次の日本文に合うように，( )内の語を並べかえなさい。(12点×3)

(1) 私は，マイクは上手なバイオリニストだと思います。

(is, that, I, a, think, Mike) good violinist.

.... good violinist.

(2) 私は，あなたの宿題を手伝えないと思います。

I'm (help, you, can't, afraid, I, with, that) your homework.

I'm .... your homework.

(3) お時間のあるときに，私たちに会いにいらしてください。

(see, you, when, and, are, us, come, free).

....

3 次の日本文を英語に直しなさい。(16点×2)

(1) ユミは親切なので，私は彼女が好きです。

....

(2) もしあなたが忙しいなら，私が彼に電話をしますよ。

....

11 前置詞①

I eat breakfast at eight on Saturday.

1 次の英文の（ ）内から適切な語を〇で囲みなさい。(7点×6)

(1) I stayed home （ in, on, until ） three.

(2) My brother usually plays soccer （ on, in, at ） Sundays.

(3) School starts （ from, in, on ） April in Japan.

(4) Finish your work （ to, until, by ） this evening.

(5) I found a dog （ for, under, over ） the tree.

(6) My sister moved to Tokyo （ on, in, at ） 2000.

2 次の日本文に合うように，適切な語を書きなさい。(9点×4)

(1) トムは毎朝，自分の家のまわりを走ります。

Tom runs .... his house every morning.

(2) あの家の上を1羽の鳥が飛んでいます。

A bird is flying .... that house.

(3) 私たちはこの村を通り抜け，おばの家に行きました。

We passed .... this village and went to our aunt's house.

(4) 少年たちが通りに沿って歩いていました。
通る

Some boys walked .... the street.

3 次の日本文に合うように，（ ）内の語句を並べかえなさい。(11点×2)

(1) 私は毎日，家から駅まで歩きます。

（ my house, I, from, walk, to ） the station every day.

.... the station every day.

(2) 川の向こうに郵便局があります。

（ over, there, a post office, is, the river ）.

....

12 前置詞②

Luke is interested in baseball.

月　　　日

合格点 **80** 点
得点
点

解答 ➡ P.66

1 適切な語を右から選んで書きなさい。(7点×4)

(1) My mother must look .... the cat.

(2) These flowers look .... roses.

(3) My classmates agreed .... me.

(4) I am interested .... science.

with	to
like	in
after	

2 次の日本文に合うように，適切な語を書きなさい。(8点×6)

(1) ビルは昨日学校を休みました。

Bill was .... school yesterday.

(2) 何を探しているのですか。 What are you ....?

(3) 彼は妹の誕生日パーティーを楽しみにしています。

He is looking .... his sister's birthday party.

(4) 駅の前にはたくさんのお店があります。

There are many shops in .... the station.

(5) 私の考えはあなたのものと違います。

My idea is .... yours.

(6) 私のアパートは，スーパーマーケットと銀行の間にあります。

My apartment is .... a supermarket .... a bank.
　　　　　　アパート　　　　　　　　　　　　　　スーパーマーケット

3 次の日本文に合うように，( )内の語句を並べかえなさい。(12点×2)

(1) 彼女はレストランで私の隣に座りました。

She (next, in, me, sat, to, the restaurant).

She ....

(2) 日曜日は，私の両親が娘の世話をしてくれます。

(take, of, my parents, care, my daughter) on Sunday.

.... on Sunday.

13 まとめテスト ②

1 次の日本文に合うように，適切な語を書きなさい。(7点×3)

(1) 彼女はねこだけでなく犬も好きです。

She likes _____ cats _____ dogs.

(2) ミカとユリは一緒に東京を訪れたのですよね。

Mika and Yuri visited Tokyo together, _____ ?

(3) 私たちは毎週火曜日の午後にバレーボールの練習をします。

We practice volleyball _____ the afternoon _____ Tuesdays.

2 次の各組の英文がほぼ同じ意味になるように，適切な語を書きなさい。

(1) { A year has twelve months.　(9点×3)
　　 { _____ _____ twelve months in a year.

(2) { How interesting this book is !
　　 { What _____ this is !

(3) { If you study hard, you will pass the English exam.
　　 { Study hard, _____ you will pass the English exam.

3 次の日本文に合うように，( )内の語を並べかえなさい。(13点×4)

(1) 彼は私に具合が悪いと言いました。

He (was, me, told, that, ill, he).

He _____ .

(2) もし明日晴れたら，魚釣りに行きましょう。

Let's (fine, fishing, is, go, if, it) tomorrow.

Let's _____ tomorrow.

(3) 私は祖父が元気だということがうれしいです。

I (glad, is, grandfather, that, my, am) fine.

I _____ fine.

(4) ミカは大雨のせいで学校に遅れました。

Mika (of, for, because, was, school, late) the heavy rain.

Mika _____ the heavy rain.

14 比　較①

Tom runs faster than his brother.

1 次の英文の(　)内から適切な語句を○で囲みなさい。(6点×3)

(1) This camera is as (useful,　more useful,　the most useful) as that one.

(2) I am as (tall,　taller,　the tallest) as my sister.

(3) This computer is (well,　good,　better,　the best) of all.

2 次の英文の(　)内の語を，適切な形にかえなさい。2語になる場合もあります。(7点×6)

(1) Takashi has (many) DVDs than Kengo.　　　　.............................

(2) Is this the (big) bag in your shop ?　　　　.............................

(3) Lucy speaks Japanese (well) than Paul.　　　　.............................

(4) Which is the (interesting) game of the five ?　.............................

(5) Who is (busy), you or your sister ?　　　　.............................

(6) The last question in the test was (easy) than most of the questions.

　　　　　　　　　　　　　　　　　　　　　　　　.............................

3 次の日本文に合うように，適切な語を書きなさい。(9点×2)

(1) 私のかばんはあなたのかばんほど高価ではありません。

My bag is .... expensive .... yours.

(2) 健康はお金よりもずっと大切だと思います。

I think health is .... important than money.

4 次の英文の(　)内の語を並べかえなさい。(11点×2)

(1) Who (famous,　is,　most,　soccer,　the) player in Japan ?

Who .... player in Japan ?

(2) There (more,　my,　students,　in,　class,　than,　are) in his class.

There .... in his class.

15 比　　較②

I like dogs better than cats.

1 次の英文の（　）内から適切な語句を〇で囲みなさい。(6点×3)

(1) I like baseball (well of,　better than,　the best of) soccer.

(2) Mt. Everest is higher than (other mountains,　any other mountain,
any mountains) in the world.

(3) Which does Kenji like (good,　better,　best), tennis or badminton ?
バドミントン

2 次の日本文に合うように，適切な語を書きなさい。(8点×3)

(1) 私はすべての季節の中で冬がいちばん好きです。

I like winter ＿＿＿＿＿＿ ＿＿＿＿＿＿ ＿＿＿＿＿＿ all the seasons.

(2) 私のねこはますます大きくなっています。

My cat is becoming ＿＿＿＿＿＿ ＿＿＿＿＿＿ ＿＿＿＿＿＿ .

(3) 野球は日本で最も人気のあるスポーツの1つです。

Baseball is ＿＿＿＿＿＿ of the ＿＿＿＿＿＿ ＿＿＿＿＿＿ in Japan.

3 次の各組の英文がほぼ同じ意味になるように，適切な語を書きなさい。

(1) ⎰ Tokyo is the largest city in Japan.　　　　　　(10点×3)
　　⎱ Tokyo is ＿＿＿＿＿ than ＿＿＿＿＿＿＿＿ in Japan.

(2) ⎧ Lake Biwa is the biggest lake in Japan.
　　⎨ No ＿＿＿＿＿ ＿＿＿＿＿ in Japan is ＿＿＿＿＿ ＿＿＿＿＿
　　⎩ ＿＿＿＿＿ Lake Biwa.

(3) ⎰ No other boy in this class is taller than Kaito.
　　⎱ Kaito is ＿＿＿＿＿ ＿＿＿＿＿ ＿＿＿＿＿ in this class.

4 次の英文の（　）内の語を並べかえなさい。(14点×2)

(1) Mari (student,　other,　than,　sings,　any,　better) in this school.

Mari ＿＿＿＿＿＿＿＿＿＿＿＿＿＿＿＿＿ in this school.

(2) (the,　do,　which,　season,　best,　you,　like) in Canada ?

＿＿＿＿＿＿＿＿＿＿＿＿＿＿＿＿＿ in Canada ?

16 いろいろな文構造①

He became an English teacher.

1 次の日本文に合うように，適切な語を書きなさい。(8点×4)

(1) あなたはすぐによくなるでしょう。

You'll .... soon.

(2) 私はサリーに会うと，幸せを感じます。

I .... when I see Sally.

(3) その部屋はきれいなままだった。

The room ....

(4) このジュースは甘くて酸っぱい味がします。

This juice .... sweet and sour.
ジュース

2 次の英文を(　)内の指示に従って書きかえるとき，適切な語を書きなさい。

(1) She is a kind girl. (「～になった」という文に)　(8点×2)

She .... a kind girl.

(2) The man is young. (「～そうに見える」という文に)

The man .... young.

3 次の英文を日本語に直しなさい。(12点×2)

(1) How do these cookies taste ?

[　　　　　　　　　　　　　　　　　　　　　]

(2) It is getting dark. Let's go home.

[　　　　　　　　　　　　　　　　　　　　　]

4 次の英文の(　)内の語を並べかえなさい。(14点×2)

(1) Why (children, did, sad, so, look, these)?

Why .... ?

(2) (interesting, your, idea, sounds).

....

17 いろいろな文構造②

My father bought me a bike.

1 次の日本文に合うように，適切な語を書きなさい。(10点 × 5)

(1) 私は友だちに手紙を送りました。

I ＿＿＿＿＿＿＿＿＿＿＿＿＿ a letter.

(2) トムは彼女に質問をしました。

Tom ＿＿＿＿＿＿＿＿＿＿＿ some questions.

〈動詞＋(人)＋(物)〉で「(人)に(物)を～する」という意味になる動詞についてここでは勉強するよ。

(3) だれも私に本当のことを話してくれませんでした。

No one ＿＿＿＿＿＿＿＿＿ the truth.

(4) 田中先生は私たちに社会を教えます。

Ms. Tanaka ＿＿＿＿＿＿＿＿ social studies.
（社会）

(5) 私の祖父は私にすてきなかばんを買ってくれました。

My grandfather ＿＿＿＿＿＿＿ a nice bag.

2 次の各組の英文がほぼ同じ意味になるように，適切な語を書きなさい。

(1) ｛ Please lend a pencil to me.
　　Please lend ＿＿＿＿＿＿＿ pencil.
（貸す）

(7点 × 2)

(2) ｛ Her mother made him a bag.
　　Her mother made a bag ＿＿＿＿＿ .

3 次の英文の(　)内の語句を並べかえなさい。(12点 × 3)

(1) (you, a present, will, to, I, give).

＿＿＿＿＿＿＿＿＿＿＿＿＿＿＿＿＿ .

(2) (pictures, she, some, me, showed).

＿＿＿＿＿＿＿＿＿＿＿＿＿＿＿＿＿ .

(3) Pochi, (me, the, bring, ball).

Pochi, ＿＿＿＿＿＿＿＿＿＿＿＿＿ .

いろいろな文構造③

I call her Nancy.

1 次の日本文に合うように，適切な語を書きなさい。(8点×3)

(1) 彼女はいつも部屋をきれいにしておきます。

She always ＿＿＿＿＿＿＿＿ her room clean.

(2) 私の名前はトーマスですが，人は私をトミーと呼びます。

My name is Thomas, but people ＿＿＿＿＿＿＿＿＿＿＿＿＿＿ Tommy.

(3) 彼はしばしば私たちを怒らせます。

He often ＿＿＿＿＿＿＿＿＿＿＿＿＿ angry.

2 次の英文の( )内から適切な語句を○で囲みなさい。(8点×2)

(1) You'll (say, like, find, hope to) the test difficult.

(2) Cakes in this book look real. They (make, call, take, give) her
本物の
hungry.

3 次の英文の( )内の語句を並べかえなさい。(10点×3)

(1) People (Mt. Fuji, the, named, mountain).

People ＿＿＿＿＿＿＿＿＿＿＿＿＿＿＿＿＿＿＿＿＿＿＿＿＿ .

(2) (me, call, Hide, friends, my).

＿＿＿＿＿＿＿＿＿＿＿＿＿＿＿＿＿＿＿＿＿＿＿＿＿＿＿ .

(3) Meg's (them, make, will, songs, happy).

Meg's ＿＿＿＿＿＿＿＿＿＿＿＿＿＿＿＿＿＿＿＿＿＿＿＿ .

4 次の各組の英文がほぼ同じ意味になるように，適切な語を書きなさい。

(1) { Why are you so surprised ?
　　{ ＿＿＿＿＿＿＿ makes you so surprised ?
(10点×3)

(2) { What is the name of that river ?
　　{ What do you ＿＿＿＿＿＿＿ that river ?

(3) { He was very sad when he watched the movie.
　　{ The movie ＿＿＿＿＿＿＿＿＿＿＿＿ very sad.

19 いろいろな助動詞①

I have to get up early tomorrow.

1 次の英文の（　）内から適切な語を〇で囲みなさい。(7点×3)

(1) Alice (must,　have,　has) to save the sick people.

(2) "(Must,　May,　Will) I ask your name ?" "Sure."

(3) Our team lost the game yesterday. We (can,　may,　should) practice every day.

2 次の日本文に合うように，適切な語を書きなさい。(9点×3)

(1) 窓を閉めましょうか。── はい，お願いします。

　　.................................. .... close the window ? ── Yes, please.

(2) 今日の午後，野球をしましょうか。── はい，そうしましょう。

　　.................................. .... play baseball this afternoon ? ── Yes, let's.

(3) ジョージはおばさんの家に行かなければなりません。

George .... to his aunt's house.

3 次の日本文に合うように，（　）内の語を並べかえなさい。(12点×2)

(1) あなたはその川で泳ぐことができますか。

　　(you,　to,　are,　in,　able,　swim) the river ?

　　.. the river ?

(2) その映画についてもっと教えてくれませんか。

　　Will (about,　me,　tell,　you,　more) the movie ?

　　Will .... the movie ?

4 次の日本文を英語に直しなさい。(14点×2)

(1) 私たちはこの部屋で日本語を話してはいけません。

　　..

(2) 彼を待つ必要はありません。

　　..

20 いろいろな助動詞②
He may be tired.

合格点 **80** 点
得点　　　　点
解答 ➡ P.68

1 次の日本文に合うように，適切な語句を右から選び，（　）に記号を書きなさい。(8点×5)

(1) その話は本当であるはずがありません。

The story ＿＿＿＿＿ be true. （　　　）

(2) 私は自分の部屋を掃除しなければなりませんでした。

I ＿＿＿＿＿ clean my room. （　　　）

(3) あなたはあまりにも速く運転すべきではありません。

You ＿＿＿＿＿ not drive too fast. （　　　）
_{あまりにも}

(4) 彼は仕事で忙しいかもしれません。

He ＿＿＿＿＿ be busy with his work. （　　　）

(5) 彼女は英語を上手に話す人にちがいありません。

She ＿＿＿＿＿ be a good speaker of English. （　　　）

ア	cannot
イ	have to
ウ	must
エ	should
オ	may
カ	had to

2 次の英文を（　）内の指示に従って書きかえるとき，適切な語を書きなさい。

(1) I <u>think</u> that Emily will arrive on time. （下線部を過去形にかえて）(15点×2)

I ＿＿＿＿＿ that Emily ＿＿＿＿＿ arrive on time.
_{時間通りに}

(2) I want to be a pilot. （wouldを使ってていねいな文に）

I ＿＿＿＿＿＿＿＿＿ be a pilot.

3 次の日本文に合うように，（　）内の語句を並べかえなさい。

(1) 駅へ行く道を教えていただけませんか。 (15点×2)

(you, could, the way, me, show) to the station ?

＿＿＿＿＿＿＿＿＿＿＿ to the station ?

(2) もう一度それを言ってくださいませんか。

(that, you, would, repeat), please ?

＿＿＿＿＿＿＿＿＿＿＿ , please ?

月　　　日

21 まとめテスト③

1 次の日本文に合うように，適切な語を書きなさい。(7点×5)

(1) この家はあのお寺ほど古くありません。

This house is _____ old _____ that temple.

(2) 私の兄は高校生になりました。

My brother _____ a high school student.

(3) ますます寒くなってきています。

It is getting _____ .

(4) ユミは昨日，そこに行く必要はありませんでした。

Yumi _____ go there yesterday.

(5) 私にコップ1杯の水を持ってきてくださいませんか。

_____ you _____ a glass of water ?

2 次の各組の英文がほぼ同じ意味になるように，適切な語を書きなさい。

(1) { I bought my mother some bread.　　　　　　　(8点×4)
　　{ I bought some bread _____ .

(2) { Mike is the tallest student in our school.
　　{ _____ student in our school is _____ than Mike.

(3) { Bill must finish his homework by five.
　　{ Bill _____ finish his homework by five.

(4) { Why are you angry ?
　　{ What _____ angry ?

3 次の日本文を英語に直しなさい。(11点×3)

(1) みんなが私をエミと呼びます。

_____

(2) あなたは早く寝るべきです。

_____

(3) トムは私たちに何枚かの写真を見せてくれました。

_____

22 受け身の文①

Lunch is cooked by Bill.

月　　日

合格点 **80** 点

得 点

点

解答 ➡ P.68

---

1 次の動詞の過去分詞を書きなさい。(4点×6)

(1) cook .... 　(2) use ....

(3) try .... 　(4) read ....

(5) know .... 　(6) cut ....

2 次の日本文に合うように，適切な語を書きなさい。(7点×4)

(1) この番組は大勢の人に見られています。

This program .... watched .... a lot of people.

(2) これらの手紙は英語で書かれています。

These letters .... in English.

(3) あの公園では多くの花が見られました。

Many flowers .... in that park.

(4) この写真は私の父によって撮られました。

This picture .... my father.

3 次の英文の(　)内の語を，適切な形にかえなさい。(7点×3)

(1) Japanese is (speak) by Mary and Tom. ....

(2) They were (help) by Kana and Bob. ....

(3) Math was (teach) by Mr. Kato. ....

4 次の英文を受け身の文に書きかえるとき，適切な語を書きなさい。

(1) { Students study English in Japan.　　　　　　　　　(9点×3)

English .... students in Japan.

(2) { Ken washes these dishes.

These dishes .... Ken.

(3) { They broke those windows.

Those windows .... by ....

23 受け身の文②

Is this computer used by John ?

1 適切な語を下から選び，正しい形に直して書きなさい。(10点 × 3)

(1) Is Kyoto .... by a lot of foreign people ?

(2) Are flowers .... by your mother every week ?
外国の

(3) Was strange sound .... last night ?

〔 go, hear, buy, visit 〕

2 適切な語を入れて，対話文を完成しなさい。(10点 × 2)

(1) *A* : Is English spoken in New Zealand ?

　　B : Yes, ...

(2) *A* : Were these books written by Johnny ?

　　B : No, ...

3 次の各組の英文がほぼ同じ意味になるように，適切な語を書きなさい。

(1) ⎰ Does Mr. Brown teach music ?　　　　　　　　(12点 × 2)
　　⎱ .... music .... by Mr. Brown ?

(2) ⎰ Did they build these new houses ?
　　⎱ .... these new houses .... by them ?

4 次の日本文に合うように，（ ）内の語を並べかえなさい。ただし，不要なものが１つずつ含まれています。(13点 × 2)

(1) あなたの国では朝食に卵が食べられますか。

(eggs, eaten, is, breakfast, are, for) in your country ?

.... in your country ?

(2) この写真はあなたのおじさんが撮ったのですか。

(picture, by, was, your, took, uncle, taken, this)?

.... ?

24 受け身の文③
What is made by Judy ?

1 次の日本文に合うように，適切な語を書きなさい。(8点×3)

(1) その鍵はユミによって見つけられたのではありません。

The key ＿＿＿＿＿＿＿＿＿＿＿＿＿＿ by Yumi.

(2) 美術館は何時に閉館されますか。

What time ＿＿＿＿＿＿ the art museum ＿＿＿＿＿＿ ?

(3) そのケーキはどこで売られていましたか。

＿＿＿＿＿＿＿＿＿＿＿ the cakes ＿＿＿＿＿ ?

2 次の英文の下線部をたずねる文を作るとき，適切な語を書きなさい。

(1) Ms. Green is liked by the students.　　　　　　　　　(8点×2)

＿＿＿＿＿＿＿＿＿＿＿ liked by the students ?

(2) The concert is held in the ball park.
野球場

＿＿＿＿＿＿ is the concert ＿＿＿＿＿＿ ?

3 次の英文を日本語に直しなさい。(12点×2)

(1) What is this vegetable called in English ?

[　　　　　　　　　　　　　　　　　　　　　　　　　　　　]

(2) The story was not believed by the people in this town.

[　　　　　　　　　　　　　　　　　　　　　　　　　　　　]

4 次の英文の(　)内の語を並べかえなさい。(12点×3)

(1) These letters (written, not, him, were, by).

These letters ＿＿＿＿＿＿＿＿＿＿＿＿＿＿＿＿ .

(2) (house, built, was, when, this)?

＿＿＿＿＿＿＿＿＿＿＿＿＿＿＿＿＿＿＿＿＿ ?

(3) (spoken, language, is, in, what) Brazil ?

＿＿＿＿＿＿＿＿＿＿＿＿＿＿＿＿ Brazil ?

25 受け身の文④

We are surprised at the news.

1 次の日本文に合うように，（　）内から適切な語を○で囲みなさい。

(1) この机は木でできています。　　　　　　　　　　　　　　　（8点×3）

This desk is made (of,　from) wood.

(2) ワインはブドウから作られます。

Wine is made (of,　from) grapes.

(3) 私の息子と娘は私の贈り物を気に入りました。

My son and daughter were pleased (in,　with) my presents.

2 次の英文を日本語に直しなさい。（12点×3）

(1) Bill was laughed at by his friends.

[　　　　　　　　　　　　　　　　　　　　　　　　　　　　　　]

(2) Her cats were looked for by her family.

[　　　　　　　　　　　　　　　　　　　　　　　　　　　　　　]

(3) We were surprised at the news.

[　　　　　　　　　　　　　　　　　　　　　　　　　　　　　　]

3 次の日本文に合うように，適切な語を書きなさい。（10点×2）

(1) その山々は雪におおわれています。

The mountains are .... snow.

(2) ジョンは歌手として知られています。

John is .... a singer.

4 次の各組の英文がほぼ同じ意味になるように，適切な語を書きなさい。

(1) ⎰ Alice takes care of my children.　　　　　　　　　　（10点×2）
　　⎱ My children are .... by Alice.

(2) ⎰ Everyone around here knows him.
　　⎱ He .... everyone around here.

26 まとめテスト④

1 次の英文の（　）内から適切な語を○で囲みなさい。(8点 × 2)

(1) Many pictures are (take, took, taken, taking) by Mike every Sunday.

(2) I was surprised (by, at, with, to) the news.

2 次の各組の英文がほぼ同じ意味になるように，適切な語を書きなさい。

(1) ⎰ Mr. Saito teaches science to us.　　　　　　　　(10点 × 3)
　　⎱ Science .... to us .... Mr. Saito.

(2) ⎰ What do you call your dog ?
　　⎱ What .... your dog .... ?

(3) ⎧ Did the students take care of the animals ?
　　⎨ .... the animals .... ?
　　⎩ .... the students ?

3 次の英文を日本語に直しなさい。(12点 × 2)

(1) When is the meeting held?

[　　　　　　　　　　　　　　　　　　　　　　　　　　　]

(2) The beautiful picture was looked at by everyone.

[　　　　　　　　　　　　　　　　　　　　　　　　　　　]

4 次の日本文に合うように，（　）内の語を並べかえなさい。(15点 × 2)

(1) だれがそのパーティーに招待されていますか。

(invited, party, is, the, to, who)?

.... ?

(2) この物語はその作家に書かれたのではありません。

(this, wasn't, by, story, writer, written, the).

....

月　　日

27 現在完了①

I have known Andy for ten years.

合格点 **75** 点

得 点

点

解答 ➡ P.70

1 次の日本文に合うように，適切な語を書きなさい。(8点×4)

(1) 私は2か月間新しいコンピュータがほしいと思っています。

I _____ _____ a new computer for two months.

(2) トムは月曜日から大阪に滞在しています。

Tom _____ _____ in Osaka since Monday.

(3) 私は長い間ジムを知っています。

I _____ _____ Jim for a long time.

> 現在完了は
> 〈主語＋have(has)
> ＋過去分詞～〉
> で表すよ。

(4) ミカは先週から忙しいです。

Mika _____ _____ busy since last week.

2 次の英文の(　)内から適切な語句を○で囲みなさい。(8点×2)

(1) My father (has been,　will come,　went,　visits) in Korea for three days.
韓国

(2) Kate has lived in Paris (during,　when,　for,　since) she was born.

3 次の英文を(　)内の指示に従って書きかえなさい。(13点×3)

(1) I moved to Kobe two years ago, and I still live there.

（ほぼ同じ意味の現在完了の文に）

_____

(2) He is sick.（文末にsince yesterdayを加えて現在完了の文に）

_____

(3) It is rainy.（文末にfor three daysを加えて現在完了の文に）

_____

4 次の英文の(　)内の語を並べかえなさい。(13点)

Meg and I (friends,　have,　since,　good,　been) we were little.

Meg and I _____ we were little.

—27—

28 現在完了②

How long have you been here ?

合格点 75 点

得 点

点

解答 ➡ P.70

月　　日

1 次の日本文に合うように，適切な語を書きなさい。(10点 × 3)

(1) 彼らは長い間英語を勉強していますか。

.... they .... English for a long time ?

(2) ジェーンは５年間バイオリンを弾いていません。

Jane .... the violin for five years.

(3) あなたは子どもの頃からボブを知っていますか。

.... you .... Bob since you were a child ?

2 次の英文の( )内から適切な語句を○で囲みなさい。(9点 × 2)

(1) Have you lived here since you were born ? —— No, I (didn't, haven't).

(2) Has Sam worked here for six months ? —— Yes, he (does, has, did).

3 次の英文を( )内の指示に従って書きかえなさい。(13点 × 2)

(1) It is sunny. (文末にfor three daysを加えて現在完了の否定文に)

....

(2) Mary has had a cat <u>for ten years</u>. (下線部をたずねる文に)

....

4 次の日本文に合うように，( )内の語句を並べかえなさい。ただし，不
要なものが１つずつ含まれています。(13点 × 2)

(1) 彼がこの村に来てどのくらいたちますか。

(he, has, was, been, long, in, how) this village ?

.... this village ?

(2) 私は高校を卒業してからずっとグリーン先生に会っていません。

(I, didn't, since, haven't, Mr. Green, seen) I graduated from high school.

卒業する
.... I graduated from high school.

－28－

29 現在完了③

I have seen him many times.

1 次の日本文に合うように，適切な語を書きなさい。(8点 × 2)

(1) 私たちは一度京都を訪れたことがあります。

　　 We _____ _____ Kyoto once.

(2) アリスは3回サムに手紙を書いたことがあります。

　　 Alice _____ _____ to Sam three times.

2 次の英文を( )内の語を用いて現在完了の文に書きかえなさい。

(1) I met Jack. (once)　　　　　　　　　　　　　　　　(10点 × 2)

....

(2) Lucy ate sushi. (twice)

....

3 次の英文を日本語に直しなさい。(12点 × 3)

(1) I have been there once.

　　 [　　　　　　　　　　　　　　　　　　　　　　　　　　]

(2) My uncle has taught math at this school before.

　　 [　　　　　　　　　　　　　　　　　　　　　　　　　　]

(3) We have climbed Mt. Fuji twice.

　　 [　　　　　　　　　　　　　　　　　　　　　　　　　　]

4 次の日本文を英語に直しなさい。(14点 × 2)

(1) 私は以前，その本を読んだことがあります。

....

(2) ユカはその公園に3回行ったことがあります。

....

30 現在完了④

Have you ever seen such a beautiful sea ?

1 次の日本文に合うように，適切な語を書きなさい。(8点 × 4)

(1) あなたは今までにアメリカを訪れたことがありますか。

Have you .... visited America ?

(2) 私は彼女に一度も会ったことがありません。

I have .... her.

(3) あなたのお兄さんは今までに中国に行ったことがありますか。

Has your brother .... China ?

(4) あなたは今までにメグの歌を聞いたことがありますか。

.... you ever .... Meg's song ?

2 適切な語を入れて，対話文を完成しなさい。(13点 × 2)

(1) *A* : Have you .... made a cake ?

B : No, but I've made cookies many ....

(2) *A* : .... seen such a beautiful bird ?

B : No, I haven't.

3 次の対話文の(　)内の語を並べかえなさい。(14点 × 3)

(1) *A* : There are so many beautiful places in Kyoto. I have visited some of them.

B : Really ? (you, have, many, places, how, visited)?

Really ? .... ?

(2) *A* : (ever, have, to, been, Tokyo, you)?

.... ?

B : Yes, I have.

(3) *A* : I ate Russian food yesterday.

B : Oh, you did. (have, it, I, eaten, never).
　　　　　ロシアの

Oh, you did. ....

月　　日

合格点 **75** 点
得　点
　　　点
解答 ➡ P.71

1 次の日本文に合うように，適切な語を書きなさい。(9点×3)

(1) 私の姉は看護師になりました。

My sister has ＿＿＿＿＿＿ a nurse.

(2) 私たちはちょうど夕食を終えたところです。

We have ＿＿＿＿＿＿＿＿ dinner.

(3) 彼女はすでに宿題をしました。

She ＿＿＿＿＿＿ done her homework.

「ちょうど」や「すでに」
を表す副詞はhaveの
後に置いてね。

2 適切な語を右から選び，正しい形に直して書きなさい。直す必要がない
ときはそのまま書きなさい。(9点×3)

(1) I have just ＿＿＿＿ breakfast.

(2) We have already ＿＿＿＿ the book.

(3) They have just ＿＿＿＿ to visit their uncle.

read
decide
eat

3 次の英文を( )内の指示に従って書きかえるとき，適切な語を書きなさい。

(1) She wrote a report. (alreadyを加えて現在完了の文に)
(10点×2)

She ＿＿＿＿＿＿＿＿ a report.

(2) Tom lost his key. He can't find it anywhere. (ほぼ同じ意味を表す文に)

Tom ＿＿＿＿＿＿ his key.
　　　　　　　　　どこにも

4 次の日本文に合うように，( )内の語句を並べかえなさい。(13点×2)

(1) 彼女はちょうど駅に着いたところです。

(has，arrived，just，she，at the station).

＿＿＿＿＿＿＿＿＿＿＿＿＿＿＿.

(2) 兄はすでにロンドンに行ってしまいました。(今はここにはいません)

(gone，London，my brother，has，to，already).

＿＿＿＿＿＿＿＿＿＿＿＿＿＿＿.

32 現在完了⑥
I haven't finished the work yet.

1 次の日本文に合うように，適切な語を書きなさい。(8点 × 2)

(1) あなたはもう手紙を書きましたか。

＿＿＿＿＿＿ you ＿＿＿＿＿＿ the letter ＿＿＿＿＿＿ ?

(2) 彼はまだそのポストカードを受け取っていません。

He ＿＿＿＿＿＿ received the postcard ＿＿＿＿＿＿ .

2 次の英文を日本語に直しなさい。(12点 × 2)

(1) Ayumi hasn't left her house yet.

[　　　　　　　　　　　　　　　　　　　　　]

(2) Has the science class begun yet ?

[　　　　　　　　　　　　　　　　　　　　　]

3 次の英文を(　)内の指示に従って書きかえなさい。(12点 × 2)

(1) Miki has already cleaned her room.（疑問文に）

＿＿＿＿＿＿＿＿＿＿＿＿＿＿＿＿＿＿＿＿＿＿＿＿＿

(2) We have already had breakfast.（「まだ～していない」という文に）

＿＿＿＿＿＿＿＿＿＿＿＿＿＿＿＿＿＿＿＿＿＿＿＿＿

4 適切な語を入れて，対話文を完成しなさい。(12点 × 3)

(1) *A* : Has Nancy read this book yet ?

B : Yes, ＿＿＿＿＿＿＿＿＿＿＿ .

(2) *A* : I've already finished my homework. How about you, Jim ?

B : I haven't finished it ＿＿＿＿＿＿ .

(3) *A* : Have you washed the dishes ＿＿＿＿＿ ?

B : No, not ＿＿＿＿＿ .

33 現在完了進行形①

It has been raining since yesterday.

1 次の日本文に合うように，適切な語を書きなさい。(7点×4)

(1) 私たちはミキを2時間ずっと待っています。

We _____ for Miki for two hours.

(2) 私の兄は今朝からずっと父の手伝いをしています。

My brother _____ my father since this morning.

(3) 私は1時間ずっと走っています。

I _____ for an hour.

(4) 昨夜から雪がずっと降っています。

It _____ since last night.

2 次の英文の文末に( )内の語句を加えて，現在完了進行形の文に書きかえなさい。(10点×2)

(1) The children are crying. (since this morning)

_____

(2) He is watching TV. (for three hours)

_____

3 次の日本文に合うように，( )内の語句を並べかえなさい。(12点×2)

(1) トムは昨夜からずっとテレビゲームをしています。

Tom (has, a video game, been, since, playing, last night).

Tom _____ .

(2) 私たちはロンドンに1年間ずっと滞在しています。

We (London, have, for, staying, been, in, a year).

We _____ .

4 次の英文を日本語に直しなさい。(14点×2)

(1) I've been thinking about him since yesterday.

[_____]

(2) The baby has been sleeping for ten hours.

[_____]

月　　日

34 現在完了進行形②
Has it been raining since yesterday ?

合格点 75 点
得点　　　　点
解答 ➡ P.72

1 次の日本文に合うように，適切な語を書きなさい。(8点×4)

(1) 1週間ずっと雨が降っていません。

It .... raining for a week.

(2) マイクはなぜそんなに長時間泳いでいるのですか。

Why .... Mike .... for so many hours ?

(3) あなたは2時間ずっとサッカーをしているのですか。

.... you .... soccer for two hours ?

(4) そのねこはそこで何を待ち続けているのですか。

What .... the cat .... for there ?

2 次の日本文に合うように，( )内の語句を並べかえなさい。(14点×3)

(1) 私は昨日からずっと数学を勉強していません。

(not, math, studying, have, I, been) since yesterday.

.... since yesterday.

(2) その犬はどのくらい吠え続けているのですか。

(been, long, the dog, barking, how, has)?

.... ?

(3) トムは昨日からずっと何を探し続けているのですか。

(for, Tom, what, been, has, looking) since yesterday ?

.... since yesterday ?

3 適切な語を入れて，対話文を完成しなさい。(13点×2)

(1) A : .... she .... crying since this morning ?

   B : Because her dog died last night.

(2) A : Look ! Kate is still reading the book in her room ! ....

   has she .... the book ?

   B : For over three hours.　Maybe that book is so interesting for her.

－34－

35 まとめテスト⑤

1 次の英文と対話文の（　）内から適切な語句を〇で囲みなさい。(6点×4)

(1) Have you (be,　doing,　been,　done) working here for over ten years ?

(2) I have already (write,　writing,　written,　been) my report.

(3) Has your sister ever (been,　stayed,　lived,　visited) to Okinawa ?

(4) A :（ When,　Since,　How long,　Why) have you been in Kochi ?

　　B : I have been here since I was born.

2 次の各組の英文がほぼ同じ意味になるように，適切な語を書きなさい。

(1) { John became sick three days ago, and he's still sick.　　(8点×2)
　　{ John ＿＿＿＿＿ ＿＿＿＿＿ sick ＿＿＿＿＿ three days.

(2) { This is her first visit to Canada.
　　{ She has ＿＿＿＿＿ ＿＿＿＿＿ Canada before.

3 次の英文と対話文を日本語に直しなさい。(12点×3)

(1) It has been sunny since last week.

　　[　　　　　　　　　　　　　　　　　　　　　　　　　　　]

(2) Has your mother read the newspaper yet ? —— No, she hasn't.

　　[　　　　　　　　　　　　　　　　　　　　　　　　　　　]

(3) I've been interested in Chinese culture for a long time.

　　[　　　　　　　　　　　　　　　　　　　　　　　　　　　]

4 次の日本文に合うように，（　）内の語を並べかえなさい。(12点×2)

(1) あなたは1時間以上，そこで何をし続けているのですか。

　　(an,　doing,　have,　over,　what,　you,　hour,　been,　there,　for)?

　　＿＿＿＿＿＿＿＿＿＿＿＿＿＿＿＿＿＿＿＿＿＿＿ ?

(2) お久しぶりですね。(seen,　for,　a,　you,　long,　haven't,　I,　time).

　　＿＿＿＿＿＿＿＿＿＿＿＿＿＿＿＿＿＿＿＿＿＿＿ .

不定詞と動名詞
I like playing the guitar.

1 次の英文の( )内から適切な語句を〇で囲みなさい。(4点×4)

(1) I want something (to eat,　eating).

(2) We enjoy (to swim,　swimming,　to climb,　climbing) in the sea.

(3) I'm happy (to look,　looking,　to see,　seeing) you.

(4) Tom visited Yumi's house (giving,　to give,　give) her a birthday present.

2 次の英文の( )内の語を，適切な形にかえなさい。2語になる場合もあります。

(1) I want ①(climb) the mountain when it stops ②(rain).　　(8点×3)

①...................................　②...................................

(2) Tom finished (study) late at night.

....

(3) How about (have) breakfast in the yard ?
庭

....

3 次の日本文に合うように，適切な語を書きなさい。(10点×3)

(1) 私は今日読む本が3冊あります。

I have three books .... today.

(2) 30分前に雪が降り始めました。

It began .... half an hour ago.

(3) スーザンは卵を買うためにスーパーマーケットに行きました。
30分

Susan went to the supermarket .... some eggs.

4 次の日本文に合うように，( )内の語を並べかえ，番号で答えなさい。

(1) ジョギングは健康によいです。　　(10点×3)

(①our ②is ③for ④jogging ⑤good) health. (　→　→　→　→　)

(2) 私の仕事はこれらのケーキを売ることです。

My job (①cakes ②these ③to ④is ⑤sell). (　→　→　→　→　)

(3) 彼らはその知らせを聞いて悲しみました。

(①sad ②hear ③were ④to ⑤they) the news. (　→　→　→　→　)

37 いろいろな不定詞①
It is important for us to learn.

1 次の日本文に合うように，適切な語を書きなさい。(9点×2)

(1) 野球の試合を見ることは私にとってわくわくします。

It is exciting ＿＿＿＿＿＿ ＿＿＿＿＿＿ to watch baseball games.

(2) サッカーをすることは私たちにとっておもしろいです。

It is fun ＿＿＿＿＿＿ ＿＿＿＿＿＿ to play soccer.

2 次の各組の英文がほぼ同じ意味になるように，適切な語を書きなさい。

(1) { To study English hard is important for you.　(12点×2)

It is ＿＿＿＿＿＿ ＿＿＿＿＿＿ you ＿＿＿＿＿＿ study English hard.

(2) { Swimming in this river is dangerous for them.

＿＿＿＿＿＿ ＿＿＿＿＿＿ dangerous for ＿＿＿＿＿＿ ＿＿＿＿＿＿

swim in this river.

3 次の英文を日本語に直しなさい。(14点×2)

(1) It is possible for me to help you.
　　　可能な

[　　　　　　　　　　　　　　　　　　　　　　　　　　]

(2) It is not easy for old people to use the computer.

[　　　　　　　　　　　　　　　　　　　　　　　　　　]

4 次の日本文に合うように，( )内の語句を並べかえなさい。(15点×2)

(1) 彼女にとって，この本を1週間で読むのは難しかったです。

It was (book, read, for, a week, her, in, this, to, difficult).

It was ＿＿＿＿＿＿＿＿＿＿＿＿＿＿＿＿ .

(2) 毎日練習することは私たちに役立ちますか。

(practice, it, us, is, day, for, useful, every, to)?

＿＿＿＿＿＿＿＿＿＿＿＿＿＿＿＿＿＿＿＿＿ ?

38 いろいろな不定詞②

I don't know what to do.

1 例にならって I know のあとに「疑問詞＋不定詞」を続けなさい。(6点×4)

(例)「何を歌えばよいか」　→　I know .... what to sing ....

(1)「どのように歌えばよいか」　→　I know ....

(2)「いつ歌えばよいか」　→　I know ....

(3)「どこで歌えばよいか」　→　I know ....

(4)「どちらを歌えばよいか」　→　I know ....

2 次の日本文に合うように，適切な語を書きなさい。(8点×4)

(1) 私はてんぷらの料理のしかたを習いたいです。

I would like to learn .... *tempura*.

(2) 私は彼女にいつ試合を始めたらよいかたずねました。

I asked .... start the game.

(3) あなたはどこでその小包を受け取ればよいか覚えていますか。

Do you remember .... receive the package ?
小包

(4) ジョージは彼らにどちらの本を読めばよいか教えました。

George told .... book .... read.

3 次の各組の英文がほぼ同じ意味になるように，適切な語を書きなさい。

(1) { Mary can play the trumpet.　　　　　(10点×2)
トランペット
{ Mary knows .... play the trumpet.

(2) { When should we visit Mr. Smith ? Let's decide it.
{ Let's decide .... visit Mr. Smith.

4 次の英文を日本語に直しなさい。(12点×2)

(1) Lucy teaches us how to play tennis.

[　　　　　　　　　　　　　　　　　　　　　　　]

(2) Please tell me what to eat at the restaurant.

[　　　　　　　　　　　　　　　　　　　　　　　]

39 いろいろな不定詞③

She was too busy to visit them.

1 次の日本文に合うように，適切な語を書きなさい。(8点×4)

(1) 私の祖父は年を取りすぎていて働くことができません。

My grandfather is ＿＿＿＿＿ old ＿＿＿＿＿ work.

(2) 彼女はとても背が高いので，その枝に届きます。

She is ＿＿＿＿＿ tall ＿＿＿＿＿ she can reach the branch.
　　　　　　　　　　　　　　　　　　　　　　　　　　　　枝

(3) 彼はその車を買えるほどお金持ちです。

He is ＿＿＿＿＿ ＿＿＿＿＿ ＿＿＿＿＿ buy the car.

(4) この物語は奇妙すぎて私には理解できません。

This story is ＿＿＿＿＿ strange ＿＿＿＿＿ me ＿＿＿＿＿ understand.

2 次の英文を日本語に直しなさい。(14点×2)

(1) My sister was too excited to sleep last night.

[　　　　　　　　　　　　　　　　　　　　　　　　　]

(2) The bridge is too dangerous to drive across.
　　　　橋

[　　　　　　　　　　　　　　　　　　　　　　　　　]

3 次の各組の英文がほぼ同じ意味になるように，適切な語を書きなさい。

(1) { Yesterday Mami was very tired. So she couldn't study.　　(10点×4)
　　{ Yesterday Mami was ＿＿＿＿＿ tired to study.

(2) { The books are so heavy that she can't carry them.
　　{ The books are ＿＿＿＿＿ heavy for her ＿＿＿＿＿ carry.

(3) { It was raining too hard for us to go out.
　　{ It was raining ＿＿＿＿＿ hard ＿＿＿＿＿ we ＿＿＿＿＿ go out.

(4) { He is so kind that he helps everyone.
　　{ He is kind ＿＿＿＿＿ ＿＿＿＿＿ ＿＿＿＿＿ everyone.

40 いろいろな不定詞④

He wants me to buy the book.

合格点 **80** 点
得点

点

解答 ➡ P.74

1 次の日本文に合うように，適切な語を書きなさい。(10点 × 3)

(1) 私はあなたにこの本を読んでほしいです。

I .... you .... read this book.

(2) 彼女はお母さんにケーキを作ってくれるように頼みました。

She .... her mother .... make a cake.

(3) 父はいつも私に私の部屋を掃除するように言います。

My father always .... me .... clean my room.

2 次の英文を( )内の指示に従って書きかえなさい。(10点 × 2)

(1) I want to play the piano. (彼女にピアノを弾いてほしいとき)

I want .... play the piano.

(2) I'll tell him to help me. (「私を手伝うよう彼に頼むつもり」にかえて)

I'll .... help me.

3 次の日本文に合うように，( )内の語を並べかえなさい。(12点 × 2)

(1) あなたはジムに英語を教えてくれるように頼みましたか。

Did (Jim, English, ask, to, teach, you)?

Did .... ?

(2) ジョンはもっと一生懸命に数学を勉強するように息子に言いました。

John (study, to, his, told, harder, son, math).

John ....

4 次の英文を日本語に直しなさい。(13点 × 2)

(1) He asked his mother to have a dog.

[   ]

(2) We want Nancy to enjoy her life in Japan.

[   ]

－40－

いろいろな不定詞⑤

My mother asked me to wash the dishes.

合格点 **80** 点

得 点

点

解答 ➡ P.74

1 次の各組の英文がほぼ同じ意味になるように，適切な語を書きなさい。

(12点 × 4)

(1) { My mother said to me, "Get up."

My mother _____ me to get up.

(2) { They said to me, "Please believe us."

They _____ me _____ believe them.

(3) { She told Bill to help her.

She _____ to Bill, "Help _____."

(4) { Did the boys tell John to come with them?

Did the boys _____ to John, "Come with _____"?

2 次の日本文に合うように，( )内の語句を並べかえなさい。(15点 × 2)

(1) マヤは父親に一緒に公園に行ってくれるように頼みました。

Maya (to, her father, go, asked, her, to, with, the park).

Maya _____ .

(2) 母が私に手伝うように言ったのですか。

(help, tell, her, my mother, did, me, to)?

_____ ?

3 適切な語を入れて，対話文を完成しなさい。(11点 × 2)

(1) A : Bring me the newspaper.

B : Pardon ?

A : I _____ you to bring me the newspaper.

(2) A : Please show me your new camera.

B : Pardon ?

A : I _____ you to show me your new camera.

> 命令文やていねいな命令文は〈tell(ask)＋(人)＋to ～〉の形で言い表すことができるよ。

42 原形不定詞

I saw him enter the room.

1 次の英文の(　)内から適切な語句を○で囲みなさい。(8点×3)

(1) I made my brother (go,　going,　gone,　to go) there.

(2) I had my son (carrying,　carried,　to carry,　carry) the heavy bag.

(3) He didn't let me (used,　to use,　use,　using) his computer.

2 次の英文を日本語に直しなさい。(12点×2)

(1) No one saw Mike run away from there.

[　　　　　　　　　　　　　　　　　　　　　　　　　　　　　　　]

(2) I heard my teacher call my name.

[　　　　　　　　　　　　　　　　　　　　　　　　　　　　　　　]

3 次の日本文に合うように, (　)内の語句を並べかえなさい。(13点×4)

(1) 私は背中に何かが触れるのを感じました。

I (touch,　something,　felt,　my back).

I ....

(2) お皿を洗うのを手伝ってくれませんか。

(you,　wash,　me,　will,　help,　the dishes)?

.... ?

(3) 彼はいつも私たちを笑わせてくれます。

(he,　laugh,　always,　us,　makes).

....

(4) それについてしばらく考えさせてください。

(me,　it,　think,　let,　about) for a while.

.... for a while.

43 まとめテスト ⑥

1 次の日本文に合うように，適切な語を書きなさい。(7点×5)

(1) 彼らはあなたにスピーチをしてほしいと思っています。

They want .... make a speech.

(2) あの山は高すぎて私たちには登れません。

That mountain is .... high .... us .... climb.

(3) 私はもうその本を読み終えました。

I have already finished .... the book.

(4) だれも彼が車を洗うのを手伝いませんでした。

No one .... him .... his car.

(5) 何か飲み物を持ってきてくれませんか。

Will you bring me something .... ?

2 次の各組の英文がほぼ同じ意味になるように，適切な語を書きなさい。

(1) {
My mother is too busy to cook dinner.　　(8点×4)

My mother is so busy .... she .... cook dinner.
}

(2) {
Studying English is difficult for him.

It isn't .... him .... study English.
}

(3) {
He is so rich that he can buy the new watch.

He is rich .... buy the new watch.
}

(4) {
What should I do next? I don't know that.

I don't know .... next.
}

3 次の英文の(　)内の語を並べかえなさい。(11点×3)

(1) My teacher (try, it, us, let).

My teacher ....

(2) Please tell (to, me, which, buy, book).

Please tell ....

(3) Did he tell (go, to, there, you)?

Did he tell .... ?

44 分詞の形容詞的用法①

I have an aunt living in Canada.

1 次の日本文に合うように，適切な語を書きなさい。(8点×3)

(1) 私にはオーストラリアに住んでいる友だちがいます。

I have a friend .... in Australia.

(2) 私はケーキを切っている女性を知りません。

I don't know the woman .... the cake.

(3) 公園で遊んでいる少年たちはジョンとポールです。

The boys .... in the park .... John and Paul.

2 適切な語を下から選び，正しい形に直して書きなさい。ただし，1度ずつしか使えません。(8点×4)

(1) I know the man .... pictures over there.

(2) We don't know the woman .... the piano.

(3) Do you know the boy .... in the park ?

(4) The child .... juice is Mary.

〔 run, drink, take, play, go 〕

3 次の各組の英文がほぼ同じ意味になるように，適切な語を書きなさい。

(1) {
Do you know that girl ? She is reading a book.　　　(11点×4)
Do you know that .... a book ?
}

(2) {
The man is Mr. Suzuki. He is talking with Ann.
The man .... Ann .... Mr. Suzuki.
}

(3) {
The girls are my sisters. They are walking along the street.
The girls .... the street .... my sisters.
}

(4) {
These people live in this village. They grow some fruits.
These people .... 育てる this village grow some fruits.
}

合格点 80点
得点
点

解答 ➡ P.75

1 次の日本文に合うように，適切な語を書きなさい。(10点×5)

(1) これは聖徳太子によって建てられた寺です。

This is a temple .... Shotoku Taishi.

(2) カナダで話される言語は英語とフランス語です。

The languages .... in Canada are English and French.

(3) 私は白鷺城と呼ばれている城を訪れたことがあります。

I have visited the castle .... Shirasagi-jo.

(4) これは毎年開催されるコンサートです。

This is the concert .... every year.

(5) あなたは今までに米から作られたパンを食べたことがありますか。

Have you ever eaten bread .... from rice ?

2 次の英文中の適切な箇所に（　）内の語を入れるとき，その語が入る直前の語を書きなさい。(10点×2)

(1) She bought the shoes at the shop. (sold) ....

(2) The pictures by Tom in Kyoto last month are nice. (taken) ....

3 次の各組の英文がほぼ同じ意味になるように，適切な語を書きなさい。

(1) { A French woman wrote the book. I want to read it.　　(10点×3)
　　{ I want to read the book .... by a French woman.

(2) { I have a watch. It was made in Switzerland.
　　{ I have a watch .... Switzerland.

(3) { The mountain was very beautiful. It was covered with snow.
　　{ The mountain .... snow was very beautiful.

46 分詞の形容詞的用法③

I saw the falling leaves.

1 次の英文の（　）内の語を，適切な形にかえなさい。(8点×3)

(1) Look at the （ sing ） girl. ....

(2) Was the （ cook ） fish delicious ? ....

(3) Do you know the （ run ） man ? ....

2 次の日本文に合うように，適切な語を書きなさい。(8点×3)

(1) あの踊っている子どもたちを見なさい。

Look at that .... children.

(2) あなたは泳いでいる少女の名前を知っていますか。

Do you know the name of the .... ?

(3) 私たちは床の上に何個かの割れたコップを見つけました。

We found some .... on the floor.
床

3 次の英文中の適切な箇所に（　）内の語を入れるとき，その語が入る直前
の語を書きなさい。(8点×3)

(1) My uncle bought a car last Sunday. （ used ） ....

(2) Who is that boy ? （ crying ） ....

(3) Let's eat eggs for lunch. （ boiled ） ....

4 次の日本文に合うように，（　）内の語を並べかえなさい。(14点×2)

(1) 彼は盗まれたお金を探しているところでした。

（ money, for, was, his, stolen, looking, he ）.

....

(2) 私たちは朝日を見ました。

（ sun, saw, rising, we, the ）.

....

47 分詞の形容詞的用法④

These are cars produced in Japan.

1 次の英文の(　)内から適切な語句を○で囲みなさい。(8点×3)

(1) The boy (reads, read, reading, is reading) a book is my brother.

(2) That is the house (build, building, builds, built) 100 years ago.

(3) English is the language (speak, spoke, spoken, speaking) in many parts of the world.

2 適切な語を下から選び，正しい形に直して書きなさい。ただし，１度ずつしか使えません。(12点×4)

名詞と分詞の関係によって，現在分詞と過去分詞を使いわけよう。

(1) A : Who is the man _____ at us ?

　　B : He is my grandfather. He is very nice.

(2) A : Do you know the _____ boy ?

　　B : Yes. He likes music very much.

(3) A : Are the books _____ by the woman popular ?

　　B : Yes. They are read by a lot of people in the world.

(4) A : Could you repair this _____ camera ?
　　　　　　　修理する

　　B : Of course.

〔 write, smile, break, sing 〕

3 次の日本文に合うように，(　)内の語句を並べかえなさい。(14点×2)

(1) 私は川に沿って走っている男性に以前会ったことがあります。

I've (the river, the man, met, before, along, running).

I've _____.

(2) あなたは飛鳥と呼ばれている船を今までに見たことがありますか。

Have you (a ship, Asuka, seen, called, ever)?

Have you _____?

48 まとめテスト ⑦

1 次の英文の（　）内から適切な語句を〇で囲みなさい。(8点×4)

(1) Do you know the man (take, takes, taken, taking) a walk ?

(2) The girl (playing, plays, play, is playing) the guitar in the music room is Yumi.

(3) This is a room (will use, are used, is using, used) by my parents.

(4) My grandfather takes care of a cat (calls, calling, called, call) Tama.

2 次の英文の（　）内の語を並べかえなさい。(12点×3)

(1) (sleeping, at, dog, look, that).

....

(2) Those animals (are, the, swimming, boat, around) dolphins.
イルカ
Those animals .... dolphins.

(3) This is (made, a, of, chair, paper).
This is ....

3 次の日本文を英語に直しなさい。(16点×2)

(1) これはリカによって買われたかばんです。

....

(2) その本を読んでいる少年はだれですか。

....

接触節①
This is the pen I bought yesterday.

1 次の２つの英文を１つの文にするとき，適切な語を書きなさい。

(9点×4)

(1) The language is Spanish. He speaks it.

The language .... is Spanish.

(2) The subject is English. I like it.

The subject .... is English.

〈主語＋動詞～〉が前の名詞を修飾するものを，接触節というよ。

(3) This is the museum. I've wanted to visit it.

This is the museum .... to visit.

(4) The instrument is a flute. I play it.
　　　　楽器

The instrument .... is a flute.

2 次の英文を日本語に直しなさい。(12点×3)

(1) The Christmas tree we decorated is very beautiful.
　　　　クリスマス　　　　　　　飾った

[　　　　　　　　　　　　　　　　　　　　　　　　]

(2) This is the flower my mother likes the best.

[　　　　　　　　　　　　　　　　　　　　　　　　]

(3) This is the song I've sung three times.

[　　　　　　　　　　　　　　　　　　　　　　　　]

3 次の日本文に合うように，( )内の語を並べかえなさい。(14点×2)

(1) 私が奈良で会った男性は親切でした。

(I, Nara, man, the, was, met, in) kind.

.... kind.

(2) 彼がほしがっている本はその店にありません。

The (store, wants, in, he, not, book, is, the).

The ....

50 接触節②

This is the opinion I thought of.

1 次の英文中に（　）内の語句を入れるとき，最も適切な箇所の記号を〇で囲みなさい。(10点×3)

(1) The boys　were　very kind　．　(we played with)
　　　　　ア　　　イ　　　　ウ

(2) Science is　the subject　．　(I'm interested in)
　　　ア　　　イ　　　　　ウ

(3) The person　lives　in New York　．　(I'm writing a letter to)
　　　　　ア　　イ　　　　　　ウ

2 次の2つの英文を1つの文にするとき，適切な語を書きなさい。

(1) These are the pictures. We talked about them.　　　　　　　(10点×2)

　　These are the pictures we ＿＿＿＿＿＿＿ ＿＿＿＿＿＿＿ ．

(2) He is the student. We are worried about him.

　　He is the student we are ＿＿＿＿＿＿＿ ＿＿＿＿＿＿＿ ．

3 次の日本文に合うように，適切な語を書きなさい。(10点×2)

(1) マキは私が世話をした子どもたちの1人です。

　　Maki is one of the children ＿＿＿＿＿＿＿ ＿＿＿＿＿＿＿ care of.

(2) これは私が探している切手です。

　　This is the stamp I'm ＿＿＿＿＿＿＿ ＿＿＿＿＿＿＿ ．

4 次の日本文に合うように，（　）内の語句を並べかえなさい。ただし，不要なものが1つずつ含まれています。(15点×2)

(1) あなたが話しかけた男性は，私の兄です。

　　(is,　the,　spoke,　with,　my brother,　you,　to,　man).

　　＿＿＿＿＿＿＿＿＿＿＿＿＿＿＿＿＿＿＿＿＿＿＿＿＿＿＿＿＿ ．

(2) 私たちが見た絵はとても美しかった。

　　(we,　were,　beautiful,　pictures,　at,　the,　looked,　for,　very).

　　＿＿＿＿＿＿＿＿＿＿＿＿＿＿＿＿＿＿＿＿＿＿＿＿＿＿＿＿＿ ．

51 関係代名詞①

He has a friend who can swim well.

1 次の２つの英文を関係代名詞**who**，または**which**を使って１つの文にするとき，適切な語句を書きなさい。(10点 × 3)

(1) Everyone knows the girl. She painted this picture.

Everyone knows the girl ＿＿＿＿＿＿＿＿＿＿＿＿＿＿＿＿ this picture.

(2) The month is April. It comes after March.

The month ＿＿＿＿＿＿＿＿＿＿＿＿＿＿＿＿＿＿＿ April.

(3) The woman is Ms. White. She knows well about music.

The woman ＿＿＿＿＿＿＿＿＿＿＿＿＿＿＿＿＿ Ms. White.

2 次の英文の(　)内から適切な語を○で囲みなさい。(8点 × 2)

(1) She is a student who (come, comes) from Canada.

(2) The chairs which my father made (was, were) nice.

3 次の英文を日本語に直しなさい。(13点 × 2)

(1) I have a friend who can play the piano.

[　　　　　　　　　　　　　　　　　　　　　　　　　]

(2) This is the park which is famous for the cherry trees.

桜

[　　　　　　　　　　　　　　　　　　　　　　　　　]

4 次の日本文に合うように，(　)内の語句を並べかえなさい。(14点 × 2)

(1) あなたは耳の長い犬が好きですか。

Do you (which, ears, like, long, have, dogs)?

Do you ＿＿＿＿＿＿＿＿＿＿＿＿＿＿＿＿＿＿＿＿＿ ?

(2) 私は中国に住んでいる友だちから手紙をもらいました。

I got (who, a friend, a letter, in China, from, lives).

I got ＿＿＿＿＿＿＿＿＿＿＿＿＿＿＿＿＿＿＿＿＿ .

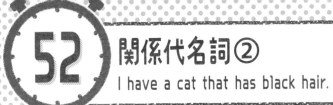

52 関係代名詞②
I have a cat that has black hair.

1 次の 2 つの英文を関係代名詞**that**を使って 1 つの文にするとき，適切な語を書きなさい。(10点 × 2)

(1) This is a book. It changed my life.

This is a book .... my life.

(2) The girl fell into the river. She was saved by John.
　　　　　fallの過去形
The girl .... into the river .... saved by John.

2 次の日本文に合うように，( )内の語句を並べかえなさい。(12点 × 2)

(1) 壁に絵を描いている子どもたちを見てごらんなさい。

Look at (that, the children, the wall, are, on, painting).

Look at ....

(2) 長い鼻をしたその動物は何ですか。

(a long nose, the animal, is, what, has, that)?

.... ?

3 次の英文を日本語に直しなさい。(13点 × 2)

(1) The man that is speaking Chinese is Mr. Kato.

[　　　　　　　　　　　　　　　　　　　　　　　　　　]

(2) We were invited to the party that was held by Tom.

[　　　　　　　　　　　　　　　　　　　　　　　　　　]

4 次の日本文を( )内の語を使って英語に直しなさい。(15点 × 2)

(1) 彼女はオーストラリアから来ている生徒です。(that, comes)

....

(2) 彼はとても速く走る犬を飼っています。(that, runs)

....

53 関係代名詞③

This is a house which(that) my uncle built.

1 次の英文の下線部を日本語に直しなさい。(10点 × 2)

(1) The map which Hiroshi drew helped me.　[　　　　　　　　]

(2) The girl that we met last week is my cousin.　[　　　　　　　　]

2 次の英文の(　)内から適切な語を○で囲みなさい。(8点 × 3)

(1) This is a dog (who, that) Aya likes.

(2) The flowers which my mother grows (is, are) beautiful.

(3) The computer that Jane (buy, buys, bought) last Sunday is useful.

3 次の2つの英文を関係代名詞**which**, または**that**を使って1つの文にするとき, 適切な語を書きなさい。(10点 × 3)

(1) This is the book. Tom has wanted to buy it.

This is the book .... Tom has wanted to ....

(2) The girl is my e-pal. I'm staying with her.
　　　　　　　　　メール友だち

The girl .... I'm staying .... is my e-pal.

(3) The speech moved us. Jenny made it.
　　　　　　感動させた

The speech .... moved us.

4 次の日本文に合うように, (　)内の語句を並べかえなさい。(13点 × 2)

(1) 私たちが見た映画はおもしろかった。

(watched, which, interesting, the movie, we, was).

....

(2) 私は母が話をしている女性を知っていました。

I knew (that, talking, the woman, my mother, was) with.

I knew .... with.

54 関係代名詞④

I received a letter that was written by him.

合格点 **80** 点

得 点

点

解答 ➡ P.78

---

1 次の日本文に合うように，各組の英文に共通する語を書きなさい。

(1) あなたは彼らと話している女の人を知っていますか。 (10点 × 3)

Do you know the lady who is .... with them ?

Do you know the lady .... with them ?

(2) 私たちは彼らによって作られた規則に従わなければなりません。

We must follow the rule that was .... by them.

We must follow the rule .... by them.

(3) これらは母によって買われた野菜です。

These are vegetables that were .... by my mother.

These are vegetables .... by my mother.

2 次の各組の英文がほぼ同じ意味になるように，適切な語を書きなさい。

(1) The boy who is sleeping on the sofa is Hideki. (10点 × 4)

The boy .... the sofa is Hideki.

(2) My father repaired the radio which was broken by me.

My father repaired the radio .... me.

(3) The girl sitting on the chair is Mary.

The girl .... on the chair is Mary.

(4) This is one of the bags that my mother made.

This is one of the bags .... my mother.

3 次の英文を日本語に直しなさい。 (15点 × 2)

(1) We can buy many kinds of fish caught in the sea.

[   ]

(2) The cat which is lying on the roof is Kuro.

lie の ing 形

[   ]

-54-

55 まとめテスト ⑧

合格点 **80** 点
得 点

点

解答 ➡ P.78

1 適切な語を下から選んで書きなさい。ただし，1度ずつしか使えません。

(1) The boy .... wants to see you is Mike.　　　　　　(6点 × 3)

(2) Do you remember the child .... we met last Wednesday ?

(3) Tom will read the book .... tells him about Japanese culture.

〔 who, which, that 〕

2 次の各組の英文がほぼ同じ意味になるように，適切な語を書きなさい。

(1) { Do you know the girl who is dancing on the stage ?　　(10点 × 3)
　　{ Do you know the girl .... the stage ?

(2) { Look at the window which was broken.
　　{ Look at the ....

(3) { I met a girl. Her eyes were blue.
　　{ I met a girl .... eyes.

3 次の日本文に合うように，( )内の語句を並べかえなさい。(14点 × 2)

(1) 私たちが話題にした少女はカナダからの学生です。

(talked, a student, Canada, about, the girl, we, from, is).

....

(2) あちらに見える建物は病院です。

(you, is, there, can, a hospital, the building, see, over).

....

4 次の英文に適切な語を書きなさい。(8点 × 3)

(1) A person that people go to see when they are sick is a ....

(2) The day which comes between Tuesday and Thursday is ....

(3) .... is the meal which we eat in the morning.
食事

56 間接疑問文 ①

He knows when she left home.

1 次の英文を**I know**のあとに続けるとき,適切な語を書きなさい。(7点×6)

(1) Who is she ?　→　I know who _____ .

(2) How much is it ?　→　I know how much _____ .

(3) How old is he ?　→　I know how old _____ .

(4) Where were they ?　→　I know where _____ .

(5) What time does she get up ?

　→　I know what time _____ up.

(6) Why did he say so ?　→　I know why _____ so.

2 次の英文を日本語に直しなさい。(11点×2)

(1) I can't remember what the singer's name is.

[　　　　　　　　　　　　　　　　　　　　　　]

(2) Please tell us which way we should go.

[　　　　　　　　　　　　　　　　　　　　　　]

3 次の日本文に合うように,(　)内の語句を並べかえなさい。(12点×3)

(1) 彼が何について考えているのかわかりますか。

Do you (is, what, thinking, he, know) about ?

Do you _____ about ?

(2) 私はその少年に,教室に何人の生徒がいるのかたずねました。

I asked (were, how many, the boy, students, there) in the classroom.

I asked _____ in the classroom.

(3) 私はなぜそれがよくないのかわかりません。

I don't understand (good, is, it, not, why).

I don't understand _____ .

57 間接疑問文②

Do you know who broke the window ?

1 次の日本文に合うように，適切な語を書きなさい。(8点 × 3)

(1) 私は，だれがこの写真を撮ったのか知りたいです。

I want to know ＿＿＿＿＿＿ ＿＿＿＿＿＿ this picture.

(2) 私は彼にどちらのカメラが人気があるのかたずねました。

I asked him ＿＿＿＿＿ camera ＿＿＿＿＿ ＿＿＿＿＿ .

(3) 私はその箱の中に何があるのか見たいです。

I want to see ＿＿＿＿＿＿ ＿＿＿＿＿＿ in the box.

2 次の英文を日本語に直しなさい。(12点 × 2)

(1) Nobody knows whose umbrella is left there.
　　だれも～ない　　　　　　　　かさ

[　　　　　　　　　　　　　　　　　　　　　　　　　　　]

(2) Could you tell me what happened yesterday ?

[　　　　　　　　　　　　　　　　　　　　　　　　　　　]

3 次の英文の(　)内の語句を並べかえなさい。(13点 × 4)

(1) Do you (who, here, remember, visited)?

Do you ＿＿＿＿＿＿＿＿＿＿＿＿＿ ?

(2) I don't know (better, book, is, you, which, for).

I don't know ＿＿＿＿＿＿＿＿＿＿＿＿＿ .

(3) Do you know (your room, who, every day, cleans)?

Do you know ＿＿＿＿＿＿＿＿＿＿＿＿ ?

(4) We didn't know (our teacher, name, called, by, whose, was).

We didn't know ＿＿＿＿＿＿＿＿＿＿＿＿＿ .

58 仮定法①

If I had a lot of money, I would buy a car.

月　　　日

合格点 **80**点
得 点
点
解答 ➡ P.79

1 次の日本文に合うように，適切な語を書きなさい。(7点×4)

(1) もし私が鳥なら，あなたのもとへ飛んでいけるのに。

　　If I ＿＿＿＿＿＿ a bird, I ＿＿＿＿＿＿ fly to you.

(2) もし彼の住所を知っていれば，手紙を書くことができるのに。

　　If I ＿＿＿＿＿＿ his address, I ＿＿＿＿＿＿ write a letter.

(3) もし彼がお金持ちならば，これらの安い服は買わないでしょう。

　　If he ＿＿＿＿＿＿ rich, he ＿＿＿＿＿＿ buy these cheap clothes.

(4) 雨でなければ，私たちはハイキングに行けるのに。

　　If it ＿＿＿＿＿＿ rainy, we ＿＿＿＿＿＿ go hiking.

2 次の各組の英文がほぼ同じ意味になるように，適切な語を書きなさい。
(12点×3)

(1) { Tom doesn't study hard, so he doesn't do well at school.
　　　　　　　　　　　　　　　　　　　　　　成績がよい
　　＿＿＿＿＿＿ Tom ＿＿＿＿＿＿ hard, he ＿＿＿＿＿＿ do well at school.

(2) { I am good at speaking English, so I can talk with foreigners.
　　＿＿＿＿＿＿ I ＿＿＿＿＿＿ good at speaking English, I ＿＿＿＿＿＿
　　talk with foreigners.

(3) { It is sunny, so I feel so good.
　　＿＿＿＿＿＿ it ＿＿＿＿＿＿ sunny, I ＿＿＿＿＿＿ feel bad.

3 次の英文を日本語に直しなさい。(12点×3)

(1) If I were you, I wouldn't forget such an important thing.

　　[　　　　　　　　　　　　　　　　　　　　　　　　　　]

(2) If you had a million dollar, what would you buy ?
　　　　　　　　　　100万

　　[　　　　　　　　　　　　　　　　　　　　　　　　　　]

(3) If we didn't have any computers, we couldn't do anything.

　　[　　　　　　　　　　　　　　　　　　　　　　　　　　]

59 仮 定 法②

I wish I could speak English.

1 次の英文の（　）内から適切な語句を〇で囲みなさい。（6点×4）

(1) I wish I (am,　will be,　were,　is) a bird.

(2) I wish he (knows,　will know,　has known,　knew) the truth.

(3) I wish my dog (speaks,　can speak,　speak,　could speak).

(4) I wish I (did,　have,　will have,　had) a million yen.

2 次の日本文に合うように，適切な語を書きなさい。（10点×4）

(1) 私の母は病気で寝ています。私が医者だったらなあ。

My mother .... sick in bed. I wish I .... a doctor.

(2) 兄はまだあの約束を覚えています。彼がそれを覚えていなかったらいいのになあ。

My brother still .... that promise. I wish he ....

.... it.

(3) なぜ姉がここにいるのだろう。彼女がここにいなかったらいいのになあ。

Why .... my sister here ? I wish she ....

here.

(4) 父は私たちとパーティーに行けません。彼が行けたらいいのになあ。

My father .... to the party with us. I wish he

....

3 次の英文を日本語に直しなさい。（12点×3）

(1) I wish my grandmother were still alive.
生きている

[　　　　　　　　　　　　　　　　　　　　　　　　　　　　　　　　　　　　　]

(2) I wish he didn't know such a thing.

[　　　　　　　　　　　　　　　　　　　　　　　　　　　　　　　　　　　　　]

(3) I wish I could fly in the sky.

[　　　　　　　　　　　　　　　　　　　　　　　　　　　　　　　　　　　　　]

60 まとめテスト ⑨

1 次の日本文に合うように，適切な語を書きなさい。(8点 × 3)

(1) もしあなたが大統領だったら，何をするでしょうか。

If you _____ a president, what _____ you do ?
<small>大統領</small>

(2) 父に長い休暇があったらいいのになあ。

I _____ my father _____ long holidays.

(3) 私は彼女が何時に家を出発したのか知りたいです。

I want to know what time _____ _____ home.

2 次の各組の英文がほぼ同じ意味になるように，適切な語を書きなさい。

(1) { My mother is too busy to cook dinner.　　　　　　(10点 × 4)
　　{ If my mother _____ free, she could cook dinner.

(2) { They practice soccer every day, so they are a strong team.
　　{ If they _____ practice every day, they _____ be a strong team.

(3) { Where were they last Sunday ? I don't know that.
　　{ I don't know _____ _____ _____ last Sunday.

(4) { Which book does Aki like the best ? Do you know that ?
　　{ Do you know which book _____ _____ the best ?

3 次の英文の( )内の語を並べかえなさい。(12点 × 3)

(1) I knew (big, in, was, the, what, box).

I knew _____ .

(2) (this, were, broken, bridge, not, if), we could visit the village.

_____ , we could visit the village.

(3) Could you tell me (from, takes, how, it, here, long) to the station ?

Could you tell me _____ to the station ?

61 仕上げテスト①

1 次の英文の（　）内の語を，適切な形にかえなさい。2語になる場合もあります。(7点×4)

(1) Have you ever （ be ） to Yakushima ?　　　　.............................

(2) This book is （ write ） in English.　　　　.............................

(3) I taught them how （ use ） the computer.　　　　.............................

(4) She finished （ read ） the newspaper.　　　　.............................

2 次の英文の（　）内から適切な語句を○で囲みなさい。(6点×5)

(1) He was （ very, so, too ） hungry to work.

(2) They will be surprised （ in, at, of ） the news.

(3) She felt happy （ seeing, see, to see ） the actor.

(4) （ This, That, She, It ） is difficult for him to read this book.　俳優

(5) The picture （ took, taken, taking, to take ） by Meg is very nice.

3 次の日本文に合うように，適切な語を書きなさい。(8点×3)

(1) 彼が私に見せてくれた写真はとても美しかった。

The pictures .... he showed me .... very beautiful.

(2) 彼女が病気で寝ているはずはありません。

She .... be sick in bed.

(3) これは私が大好きな本です。

This is the book .... very much.

4 次の各組の英文がほぼ同じ意味になるように，適切な語を書きなさい。

(1) { Does he call the cat Chibi ?　　　　(9点×2)
　　　............................. the cat .... by him ?

(2) { This is the watch given to me by my grandfather.
　　　This is the watch .... my grandfather .... to me.

月　　日

62 仕上げテスト②

合格点 **80**点

得点

点

解答 ➡ P.80

1 次の日本文に合うように，適切な語を書きなさい。(10点×4)

(1) この地域では1週間ずっと雨が降り続いていますか。

_____ it _____ _____ in this area for a week ?

(2) お腹がすいていれば，このハンバーガーを食べられるのに。

If I _____ hungry, I _____ this hamburger.

(3) あなたは今までに英語で書かれた詩を読んだことがありますか。

_____ you ever _____ the poem _____ in English ?

(4) それを私に貸してください。

_____ me _____ it.

2 次の2つの英文を1つの文にするとき，適切な語を書きなさい。

(1) What does he practice ? Do you know that ?　　　　　　　　　(12点×2)

Do you know _____ he _____ ?

(2) I found the boy. She was looking for him.

I found the boy _____ she _____ _____ for.

3 次の対話文の( )内の語句を並べかえなさい。(12点×3)

(1) A : I'm sorry (this, do, you, to, to, ask).

I'm sorry _____ .

B : That's OK. No problem.

(2) A : Where is Kana ?

B : I (enter, saw, the room, her).

I _____ .

(3) A : Look ! (is, I, the girl, saw, that) this morning.

Look ! _____ this morning.

B : Oh, she is a new student from Kyoto.

解 答 編

1　現在の文

❶ (1) are　(2) Is　(3) aren't
　　(4) cooks
❷ (1) studies　(2) watches　(3) has
❸ (1) doesn't, leave
　　(2) Are, those, knives
　　(3) Where, does, play
　　(4) It, snows
❹ How much does it cost to go from
　　here to

解説

❶ (4) 疑問詞 who が主語になると 3 人称単数扱い。on Sundays「毎週日曜日に」
❸ (2) knife は語尾が -fe なので複数形は f を v にかえて s をつける。
❹ 「お金がかかる」と言うとき，主語は it，動詞は cost を使う。

2　命令文

❶ (1) Stand　(2) Be　(3) close
　　(4) Please help
❷ (1) Don't, swim
　　(2) Let's, go, let's
　　(3) Let's, let's, not
　　(4) Don't, be　(5) Practice, and
❸ (1) take, you　(2) Try, hard, or
　　(3) Don't, be

解説

❷ (2)(3) Let's 〜. に対する応答は，Yes, let's. / No let's not.　(5)「〜しなさい，そうすれば…」は〈命令文, and ...〉。
❸ (1) A will take you to 〜.「A があなたを 〜へ連れて行くでしょう。」　(2)「一生懸命にやりなさい，そうしないと試験に合格しないでしょう。」「〜しなさい，そうしないと…」は〈命令文, or ...〉。
(3)「病院では悪い子でいてはいけませんよ，トム。」

3　現在進行形・can を使った文

❶ (1) are　(2) doing　(3) play
　　(4) Can
❷ (1) is, not, making
　　(2) Can, speak
　　(3) Who, can, drive
❸ (1) Where, is, practicing
　　(2) No, can't〔cannot〕
　　(3) What, time, can
❹ sing, well

解説

❷ (1) make は語尾が e なので e をとって ing をつける。　(3) 疑問詞 who が文の主語になるので，〈Who can ＋動詞の原形〜 ?〉の語順。
❹「私の姉〔妹〕は上手に歌うことができます。」

4　過去・未来を表す文①

❶ (1) was　(2) sitting　(3) will
　　(4) going to　(5) didn't
❷ (1) were　(2) wrote　(3) will be
　　(4) swimming　(5) will run
　　(6) bought
❸ (1) read　(2) Is, going, to
　　(3) was, making　(4) did

解説

1 (2) 過去進行形の文。 (3)(4) 未来を表す文では will または be going to を使う。

2 (3) am は未来を表す文では will be になる。

3 (4) Who came to ～？「だれが～へ来ましたか。」に対する答えの文の Tom came to ～. は短く Tom <u>did</u>. と言うことができる。

---

5 | **過去・未来を表す文②**

1 (1) took, pictures〔photos〕
(2) visited, was, playing
(3) won't, study
(4) Where, were, you

2 (1) What did she buy
(2) Will Tom and Mary sing
(3) When are you going to see

3 (1) are, going, to (2) won't, be

解説

1 (3) will not の短縮形 won't を使う。

3 (1)「私たちは今日, 昼食を料理するつもりです。」 (2)「私は来月15歳になりません。」

---

6 | **まとめテスト①**

1 (1) These (2) plays (3) had

2 (1) are, They, are
(2) It, rains
(3) Who, can, speak
(4) Let's, go, let's
(5) Was, watching

3 (1) Be kind to old people.
(2) What are you going to do〔What will you do〕tomorrow?

解説

2 (2) 天気や時間などは it が主語。

3 (1)「～に親切だ」は be kind to ～。

---

(2)「～するつもり」は未来の表現なので, be going to か will のどちらかを使う。

---

7 | **There is〔are〕～構文**

1 (1) There, is, on
(2) Are, there, in
(3) There's, by

2 (1) There wasn't〔was not〕a museum around here.
(2) There were some CD shops in this town.

3 (1) there, isn't〔there's, not〕
(2) There, are

4 (1) are, there
(2) There, is, not, any

解説

1 (1)「壁にかかっている」→「壁にある」。

2 (2) 主語が <u>some</u> CD shops と複数になるので, be動詞も <u>were</u> にする。

3 (1) Is there ～ ? → Yes, there is. / No, there isn't. (2) ＜How many + 複数名詞 + are there ～ ?＞に対する応答は, ＜There is〔are〕+ 数詞（＋名詞）.＞。

4 (1) ＜How many + 複数名詞＞で「いくつの～」。「あなたはかばんの中に何冊のノートを持っていますか。」→「あなたのかばんの中に何冊のノートがありますか。」 (2) no ～/not any ～ は「1つも〔まったく〕～ない」。「コップには水がまったく入っていません。」。

---

8 | **付加疑問文・感嘆文**

1 (1) was, wasn't, she
(2) can, they
(3) shall, we (4) will, you

2 (1) Those boys didn't study hard, did they

(2) How beautiful this flower is

(3) What an interesting movie this is

❸ (1) あなたはそのとき真実を知っていましたよね。

(2) トムはなんて速く走るのでしょう。

解説

❶ (3) 〈Let's + 動詞の原形～.〉の付加疑問文は，〈～, shall we?〉。 (4) 命令文の付加疑問文は，〈～, will you?〉。

❷ 感嘆文のパターンは 2 つ。〈What（+ a/an）+ 形容詞 + 名詞 + 主語 + 動詞 !〉，〈How + 形容詞〔副詞〕+ 主語 + 動詞 !〉。

---

9 接続詞①

❶ (1) but (2) and (3) so (4) and (5) or

❷ (1) or, will (2) not, but (3) or (4) and

❸ (1) Can she speak not only Japanese but also English

(2) I love both science and math

解説

❶ (2)「一生懸命に勉強しなさい，そうすればこれらの質問に答えることができます。」 (3)「ベスは遅く起きました，そのため電車に乗り遅れ，学校に遅刻しました。」

❷ (2)「A でなく B」は not A but B。

❸ (1)「A だけでなく B も」は not only A but (also) B。 (2)「A も B も両方とも」は both A and B。

---

10 接続詞②

❶ (1) sure, that (2) told, me (3) When, was (4) If

❷ (1) I think that Mike is a

(2) afraid that I can't help you with

(3) Come and see us when you are free

❸ (1) I like Yumi because she is kind.〔Because Yumi is kind, I like her.〕

(2) If you are busy, I will call him. 〔I will call him if you are busy.〕

解説

❶ (1)「きっと～だと思う」は be sure(that) ～。

❷ (2)「（残念ながら）～だと思う」は be afraid（that）～。

---

11 前置詞①

❶ (1) until (2) on (3) in (4) by (5) under (6) in

❷ (1) around (2) over (3) through (4) along

❸ (1) I walk from my house to

(2) There is a post office over the river

解説

❶ (1) until〔till〕「～まで（ずっと）」

(2) 〈on + 曜日〉「～曜日に」 曜日に s がつくと「毎週～曜日」という意味になる。 (3) 〈in + 月〉「～月に」 (4) by「～まで」 (5) under「～の下に」 (6) 〈in + 年〉「～年に」

❷ (4)「～に沿って」は along。

解答

12 前置詞②

❶ (1) after (2) like (3) with (4) in
❷ (1) absent, from
　　(2) looking, for (3) forward, to
　　(4) front, of (5) different, from
　　(6) between, and
❸ (1) sat next to me in the restaurant
　　(2) My parents take care of my
　　daughter

解説

❶ (1) look after ～「～の世話をする」
　　(2) look like ～「～のように見える」
　　(3) agree with ～「～に同意する」
　　(4) be interested in ～「～に興味がある」
❷ (1)「～を欠席する」は be absent from ～。
　　(2)「～を探す」は look for ～。　(3)「～
　　を楽しみにする」は look forward to ～。
　　(4)「～の前に」は in front of ～。　(5)「～
　　と違う」は be different from ～。
　　(6)「AとBの間に」は between A and B。
❸ (1)「～の隣に」は next to ～。　(2)「～
　　の世話をする」は take care of ～。

13 まとめテスト②

❶ (1) not, only, but, also
　　(2) didn't, they (3) in, on
❷ (1) There, are
　　(2) an, interesting, book
　　(3) and
❸ (1) told me that he was ill
　　(2) go fishing if it is fine
　　(3) am glad that my grandfather is
　　(4) was late for school because of

解説

❶ (2) 付加疑問文。動詞が一般動詞の過去
　　形で肯定文→ didn't。主語が3人称複数
　　→ they。

❷ (1)「1年(に)は12か月あります」と考え
　　る。
❸ (2) 条件を表す接続詞 if「もし～ならば」
　　の中は，未来のことでも現在形で表す。
　　(4)「～に遅れる」は be late for ～，「～
　　のために〔せいで〕」は because of ～。

14 比 較①

❶ (1) useful (2) tall (3) the best
❷ (1) more (2) biggest (3) better
　　(4) most interesting
　　(5) busier (6) easier
❸ (1) not, as〔so〕, as
　　(2) much, more
❹ (1) is the most famous soccer
　　(2) are more students in my class
　　than

解説

❷ (1) many の比較級は more。　(3) well
　　の比較級は better。　(6)「テストの最後
　　の問題はほとんどの問題よりも簡単でし
　　た。」
❹ (1)「日本で最も有名なサッカー選手はだ
　　れですか。」 (2)「私のクラスには彼のク
　　ラスよりも多くの生徒がいます。」

15 比 較②

❶ (1) better than
　　(2) any other mountain (3) better
❷ (1) the, best, of
　　(2) bigger, and, bigger
　　(3) one, most, popular, sports
❸ (1) larger, any, other, city
　　(2) other, lake, as〔so〕, big, as
　　(3) the, tallest, boy
❹ (1) sings better than any other
　　student

(2) Which season do you like the
best

解説

① (1) like ～ better than ... 「…より～の方
が好き」 (2) 〈比較級＋ than any other
＋単数名詞〉「他のどの～より…」

② (1)「…の中でいちばん～が好き」は like
～ the best of〔in〕...。 (2)「ますます〔だ
んだん〕～」は〈比較級＋ and ＋比較級〉。
(3)「最も～なうちの１つ」は〈one of the
＋最上級＋複数名詞〉。

③ (2)〈no other ＋単数名詞＋ is as〔so〕＋
原級＋ as ～〉「～ほど…なものはない」

16　いろいろな文構造①

① (1) get〔become〕, well
(2) feel, happy (3) kept, clean
(4) tastes
② (1) became (2) looks
③ (1) これらのクッキーはどんな味が
しますか。
(2) 暗くなってきています。家に帰
りましょう。
④ (1) did these children look so sad
(2) Your idea sounds interesting

解説

① (1)「～になる」は get ～。 (3)「～なま
まである」は keep ～。 (4)「～な味が
する」は taste ～。
④ (1)「この子どもたちはなぜそんなに悲し
そうだったのですか。」 (2)「あなたの考
えはおもしろそうです。」

17　いろいろな文構造②

① (1) sent, my, friend
(2) asked, her (3) told, me

(4) teaches, us (5) bought, me
② (1) me, a (2) for, him
③ (1) I will give a present to you
(2) She showed me some pictures
(3) bring me the ball

解説

② (2)〈make ＋（人）＋（物）〉「（人）に（物）
を作る」＝〈make ＋（物）＋ for ＋（人）〉
③ (1)「私があなたにプレゼントをあげま
しょう。」 (2)「彼女は私に何枚かの写真
〔絵〕を見せてくれました。」 (3)「ポチ,
私にそのボールを持ってきなさい。」

18　いろいろな文構造③

① (1) keeps (2) call, me
(3) makes, us
② (1) find (2) make
③ (1) named the mountain Mt. Fuji
(2) My friends call me Hide
(3) songs will make them happy
④ (1) What (2) call (3) made, him

解説

① (3)「A を B にする」は make A B。
② (1)「あなたはそのテストが難しいとわか
るでしょう。」「A が B であることがわ
かる」は find A B。 (2)「この本のケー
キは本物に見えます。それらは彼女を空
腹にします。」
④ (1)「何があなたをそんなに驚かせます
か。」 (2)「あの川を何と呼びますか。」
(3)「その映画は彼を大変悲しませまし
た。」

19　いろいろな助動詞①

① (1) has (2) May (3) should
② (1) Shall, I (2) Shall, we

(3) must, go
❸ (1) Are you able to swim in
(2) you tell me more about
❹ (1) We mustn't〔must not〕 speak
Japanese in this room.
(2) You don't have to wait for him.

解説
❶ (3)「私たちのチームは昨日，試合に負けました。私たちは毎日練習<u>すべきです</u>。」
❷ (1)「（私が）～しましょうか。」は Shall I ～ ?。
(2)「（一緒に）～しましょうか。」は Shall we ～ ?。
❹ (2)「～する必要はない」は don't have to ～。

---

20 いろいろな助動詞②

❶ (1) ア (2) カ (3) エ (4) オ
(5) ウ
❷ (1) thought, would
(2) would, like, to
❸ (1) Could you show me the way
(2) Would you repeat that

解説
❶ ア cannot ～「～のはずがない」
イ have to ～「～しなければならない」
ウ must ～「～にちがいない」
エ should ～「～すべきである」
オ may ～「～かもしれない」
カ had to have to の過去形
❷ (1) that 節中の will も過去形の would にかえる。 (2) would like to は want to よりもていねいな表現。
❸ Could you ～ ? や Would you ～ ? はていねいな依頼の表現。

---

21 まとめテスト③

❶ (1) not, as〔so〕, as (2) became
(3) colder, and, colder
(4) didn't, have, to
(5) Would〔Could〕, bring, me
❷ (1) for, my, mother
(2) No, other, taller (3) has, to
(4) makes, you
❸ (1) Everybody〔Everyone〕 calls me Emi.
(2) You should go to bed〔sleep〕 early.
(3) Tom showed us some pictures. 〔Tom showed some pictures to us.〕

解説
❶ (1)「…ほど～ではない」は not as〔so〕 ～ as ...。 (3)「ますます〔だんだん〕 ～」は〈比較級 + and + 比較級〉。 (4)「～する必要はない」は don't have to ～。
(5)「～してくださいませんか。」は Would 〔Could〕 you ～ ?。
❷ (2)〈no other + 単数名詞 + is + 比較級 + than ～〉「～より…なものはない」
❸ (2)「～すべきである」は should ～。

---

22 受け身の文①

❶ (1) cooked (2) used (3) tried
(4) read (5) known (6) cut
❷ (1) is, by (2) are, written
(3) were, seen
(4) was, taken, by
❸ (1) spoken (2) helped (3) taught
❹ (1) is, studied, by
(2) are, washed, by
(3) were, broken, them

4 (1)「日本では英語は学生によって勉強されます。」　(2)「これらの皿はケンによって洗われます。」　(3)「あれらの窓は彼らによって割られました。」

23　受け身の文②

1 (1) visited　(2) bought　(3) heard
2 (1) it, is　(2) they, weren't
3 (1) Is, taught　(2) Were, built
4 (1) Are eggs eaten for breakfast
　　(2) Was this picture taken by your uncle

解説

1 (1)「京都は多くの外国人に訪れられますか。」　(2)「花は毎週あなたのお母さんによって買われますか。」　(3)「昨夜, 奇妙な音が聞かれましたか。」
3 (1)「音楽はブラウン先生によって教えられますか。」　(2)「これらの新しい家は彼らによって建てられましたか。」

24　受け身の文③

1 (1) wasn't, found　(2) is, closed
　　(3) Where, were, sold
2 (1) Who, is　(2) Where, held
3 (1) この野菜は英語で何と呼ばれますか。
　　(2) その話はこの町の人々に信じられませんでした。
4 (1) were not written by him
　　(2) When was this house built
　　(3) What language is spoken in

解説

2 (1)「だれがその生徒たちに好かれていますか。」　(2)「そのコンサートはどこで開催されますか。」

4 (1)「これらの手紙は彼によって書かれたのではありませんでした。」　(2)「この家はいつ建てられましたか。」　(3)「ブラジルでは何語が話されますか。」

25　受け身の文④

1 (1) of　(2) from　(3) with
2 (1) ビルは友だちに笑われました。
　　(2) 彼女のねこは彼女の家族によって探されました。
　　(3) 私たちはその知らせに驚きました。
3 (1) covered, with　(2) known, as
4 (1) taken, care, of
　　(2) is, known, to

解説

1 (1)(2)「～で作られている」と言うとき, be made of のあとには材料, be made from のあとには原料がくる。　(3)「～が気に入っている」は be pleased with ～。
2 (1) laugh at ～「～を笑う」　(2) look for ～「～を探す」　(3) be surprised at ～「～に驚く」
3 (1)「～におおわれている」は be covered with ～。　(2)「～として知られている」は be known as ～。
4 (1)「私の子どもたちはアリスに世話をされます。」　(2)「彼はこの辺りのみんなに知られています。」

26　まとめテスト④

1 (1) taken　(2) at
2 (1) is, taught, by　(2) is, called
　　(3) Were, taken, care, of, by
3 (1) その会議はいつ開催されますか。
　　(2) その美しい写真〔絵〕はみんなに見られました。

4 (1) Who is invited to the party
(2) This story wasn't written by the writer

解説

1 (2) be surprised at ～「～に驚く」

2 (1)「理科はサイトウ先生によって私たちに教えられます。」 (2)「あなた(たち)の犬は何と呼ばれていますか。」 (3)「その動物たちは生徒たちに世話をされていましたか。」

4 (1)〈invite + (人) + to ～〉「(人)を～に招待する」が受け身になった形。

---

27 現在完了①

1 (1) have, wanted (2) has, stayed
(3) have, known (4) has, been
2 (1) has been (2) since
3 (1) I have lived in Kobe for two years.
(2) He has been sick since yesterday.
(3) It has been rainy for three days.
4 have been good friends since

解説

2 (1)「私の父は3日間韓国にいます。」
(2)「ケイトは生まれてからずっとパリに住んでいます。」
3 (1)「私は2年間神戸に住んでいます。」
(2)「彼は昨日から病気です。」 (3)「3日間ずっと雨降りです。」
4「メグと私は小さい頃からずっと親友です。」

---

28 現在完了②

1 (1) Have, studied
(2) hasn't, played

---

(3) Have, known
2 (1) haven't (2) has
3 (1) It hasn't〔has not〕been sunny for three days.
(2) How long has Mary had a cat ?
4 (1) How long has he been in
(2) I haven't seen Mr. Green since

解説

3 (1)「3日間ずっと，晴れていません。」
(2)「メアリーはどれくらいの間ねこを飼っていますか。」
4 (1) 英文を直訳すると，「どのくらいの間，彼はこの村にいますか。」となる。不要な語は was。 (2) 不要な語は didn't。

---

29 現在完了③

1 (1) have, visited (2) has, written
2 (1) I have met Jack once.
(2) Lucy has eaten sushi twice.
3 (1) 私は一度そこへ行ったことがあります。
(2) 私のおじは以前，この学校で数学を教えたことがあります。
(3) 私たちは富士山に2回登ったことがあります。
4 (1) I have read the book before.
(2) Yuka has been to the park three times.

解説

2 (1)「私は一度ジャックに会ったことがあります。」
(2)「ルーシーは2回すしを食べたことがあります。」

---

30 現在完了④

1 (1) ever (2) never, met〔seen〕

(3) ever, been, to
(4) Have, heard
❷ (1) ever, times
(2) Have, you, ever
❸ (1) How many places have you visited
(2) Have you ever been to Tokyo
(3) I have never eaten it

解説

❷ (1) A「あなたは今までにケーキを作ったことがありますか。」B「いいえ，でも何度もクッキーを作ったことがあります。」(2) A「あなたは今までにこんなに美しい鳥を見たことがありますか。」B「いいえ，ありません。」
❸ (1) A「京都にはとてもたくさんの美しい場所があります。私はそのうちのいくつかを訪れたことがあります。」B「本当ですか。あなたはいくつの場所を訪れたことがあるのですか。」(2) A「あなたは今までに東京に行ったことがありますか。」B「はい，あります。」(3) A「私は昨日，ロシア料理を食べました。」B「ああ，そうですか。私はそれを一度も食べたことがありません。」

31	現在完了⑤

❶ (1) become (2) just, finished
(3) has, already
❷ (1) eaten (2) read (3) decided
❸ (1) has, already, written
(2) has, lost
❹ (1) She has just arrived at the station
(2) My brother has already gone to London

解説

❶ (1)「現在も看護師である」という意味を

含んでいる。
❷ それぞれ過去分詞を入れる。不規則動詞の変化に注意する。 (1) eat - ate - eaten
(2) read - read - read
❸ (1)「彼女はすでにレポートを書きました。」 (2)「トムは鍵をなくしてしまいました。」
❹ (2)「～へ行ってしまった(今，ここにいない)」は have〔has〕gone to ～。

32	現在完了⑥

❶ (1) Have, written, yet
(2) hasn't, yet
❷ (1) アユミはまだ家を出ていません。
(2) 理科の授業はもう始まりましたか。
❸ (1) Has Miki cleaned her room yet ?
(2) We haven't〔have not〕had breakfast yet.
❹ (1) she, has (2) yet (3) yet, yet

解説

❶ (1) 完了用法の疑問文で使われる yet は「もう(～しましたか)」の意味を表す。
(2)「まだ～ない」は not ～ yet。
❸ already を yet にかえる。文中での位置もかわることに注意する。 (1)「ミキはもう部屋を掃除しましたか。」(2)「私たちはまだ朝食を食べていません。」
❹ (3) A「もう皿を洗いましたか。」B「いいえ，まだです。」

33	現在完了進行形①

❶ (1) have, been, waiting
(2) has, been, helping
(3) have, been, running
(4) has, been, snowing
❷ (1) The children have been crying since this morning.

(2) He has been watching TV for three hours.
③ (1) has been playing a video game since last night
(2) have been staying in London for a year
④ (1) 昨日から(ずっと)彼のことを考えています。
(2) その赤ちゃんは10時間(ずっと)眠っています。

解説

① 現在完了進行形は have〔has〕been 〜ing「(ずっと) 〜し(続け)ている」。
② (1)「子どもたちは今朝からずっと泣いています。」 (2)「彼は3時間ずっとテレビを見ています。」

34 現在完了進行形②

① (1) hasn't, been
(2) has, been, swimming
(3) Have, been, playing
(4) has, been, waiting
② (1) I have not been studying math
(2) How long has the dog been barking
(3) What has Tom been looking for
③ (1) Why, has, been
(2) How, long, been, reading

解説

①② 現在完了進行形の疑問文は〈Have〔Has〕+主語+ been 〜ing?〉「(ずっと) 〜し(続け)ているのですか」。否定文は have〔has〕not been 〜ing「(ずっと) 〜し(続け)ていない」。
③ (1) A「なぜ彼女は今朝からずっと泣いているのですか。」B「彼女の犬が昨晩死ん

だからです。」 (2) A「見てください! ケイトはまだ自分の部屋で本を読んでいます。どのくらいその本を読んでいるのですか。」B「3時間以上です。たぶん, あの本は彼女にとってとてもおもしろいのでしょう。」

35 まとめテスト⑤

① (1) been (2) written (3) been
(4) How long
② (1) has, been, for
(2) never〔not〕, visited
③ (1) 先週から(ずっと)晴れています。
(2) あなたのお母さんはもう新聞を読みましたか。—いいえ, まだです。
(3) 私は長い間中国の文化に興味があります。
④ (1) What have you been doing there for over an hour
(2) I haven't seen you for a long time

解説

① (4) A「高知にどのくらいの間いますか。」B「生まれてからずっとここにいます。」
② (1)「ジョンは3日間病気です。」 (2)「初めてのカナダ訪問」=「以前にカナダを訪れたことがない」
④ (2)「久しぶり」=「長い間会っていない」

36 不定詞と動名詞

① (1) to eat (2) swimming
(3) to see (4) to give
② (1) ① to climb ② raining
(2) studying (3) having
③ (1) to, read (2) snowing
(3) to, buy
④ (1) ④→②→⑤→③→①

(2) ④→③→⑤→②→①

(3) ⑤→③→①→④→②

解説

① (1) to eat は something を修飾する形容詞的用法。 (2) 動名詞を目的語にとる動詞は enjoy, finish, stop など。 (3) to see は感情の原因を表す副詞的用法。 (4) to give は動作の目的を表す副詞的用法。

② (1) ①不定詞を目的語にとる動詞は hope, want など。 (3) How about ~ing？「~してはどうですか。」

① (1) for, me (2) for, us

② (1) important, for, to
(2) It, is, them, to

③ (1) あなたを手伝う〔助ける〕ことは私には可能です。
(2) お年寄りにとってそのコンピュータを使うことは簡単ではありません。

④ (1) difficult for her to read this book in a week
(2) Is it useful for us to practice every day

解説

① It is ... for ‒ to ~.「‒(人)が〔にとって〕~することは…です。」 It は形式主語, to 以下が真の主語。for ‒ は to 以下の動作主を表す。

② (1)「あなたが英語を一生懸命に勉強するのは大切です。」
(2)「彼らがこの川で泳ぐのは危険です。」

④ (2) It is ... for ‒ to ~. の疑問文は Is it ... for ‒ to ~ ? の形。

① (1) how to sing (2) when to sing
(3) where to sing
(4) which to sing

② (1) how, to, cook
(2) her, when, to (3) where, to
(4) them, which, to

③ (1) how, to (2) when, to

④ (1) ルーシーは私たちにテニスのしかたを教えます。
(2) そのレストランで何を食べたらよいか私に教えてください。

解説

③ (1)「メアリーはトランペットの吹き方を知っています。」 (2)「いつスミス先生を訪ねるか決めましょう。」〈疑問詞＋to ~〉は ask, tell, teach などの目的語になる。

① (1) too, to (2) so, that
(3) rich, enough, to
(4) too, for, to

② (1) 私の姉〔妹〕は昨夜興奮しすぎて眠れませんでした。
(2) その橋は危険すぎて車を運転して渡れません。

③ (1) too (2) too, to
(3) so, that, couldn't
(4) enough, to, help

解説

① (1)(4)「(‒は) …すぎて~できない」は too ... (for ‒) to ~。 (2)「とても…なので~」は so ... that ~。 (3)「~するのに十分…」は ... enough to ~。

③ (1)「昨日, マミはあまりにも疲れていたので, 勉強できませんでした。」 (2)「そ

の本は重すぎて彼女には運べませんでした。」 (3)「激しく雨が降っていたので，私たちは出かけられませんでした。」(4)「彼はみんなを助けてくれるほど親切です。」

40 いろいろな不定詞④

❶ (1) want，to (2) asked，to
(3) tells，to
❷ (1) her，to (2) ask，him，to
❸ (1) you ask Jim to teach English
(2) told his son to study math harder
❹ (1) 彼はお母さんに犬を飼うように頼みました。
(2) 私たちはナンシーに日本での生活を楽しんでほしいです。

解説

❶ (1)「(人)に～してほしい」は〈want +(人) + to ～〉。 (2)「(人)に～するように頼む」は〈ask +(人) + to ～〉。(3)「(人)に～するように言う」は〈tell +(人) + to ～〉。
❷ (1)「彼女に～してほしい」は want her to ～。 (2) tell を ask にかえる。

41 いろいろな不定詞⑤

❶ (1) told (2) asked，to
(3) said，me (4) say，us
❷ (1) asked her father to go to the park with her
(2) Did my mother tell me to help her
❸ (1) told (2) asked

解説

❶ (1) 〈say to +(人) + "命令文"〉=〈tell +(人) + to ～〉。

(2) 〈say to +(人) + "ていねいな命令文"〉=〈ask +(人) + to ～〉。
❸ (1) A「新聞を持ってきて。」B「もう一度言ってください。」A「私はあなたに新聞を持ってくるように言いました。」(2) A「あなたの新しいカメラを見せてください。」B「もう一度言ってください。」A「私はあなたに新しいカメラを見せてくれるように頼みました。」

42 原形不定詞

❶ (1) go (2) carry (3) use
❷ (1) だれもマイクがそこから走り去るのを見ませんでした。
(2) 私は私の先生が私の名前を呼ぶのを聞きました。
❸ (1) felt something touch my back
(2) Will you help me wash the dishes
(3) He always makes us laugh
(4) Let me think about it

解説

❶ (1)「私は兄〔弟〕にそこに行かせました。」〈make +目的語+動詞の原形〉「～に…させる」 (2)「私は息子にその重いかばんを運ばせました。」〈have +目的語+動詞の原形〉「～に…させる〔…してもらう〕」 (3)「彼は私にコンピュータを使わせてくれませんでした。」〈let +目的語+動詞の原形〉「～が…するのを許す，～に…させてやる」。
❷ (1) 〈see +目的語+動詞の原形〉「～が…するのを見る」 (2) 〈hear +目的語+動詞の原形〉「～が…するのを聞く」
❸ (1)「～が…するのを感じる」は〈feel +目的語+動詞の原形〉。 (2)「～が…するのを手伝う」は〈help +目的語(+ to) +動詞の原形〉。

1 (1) you, to　(2) too, for, to
　(3) reading　(4) helped, wash
　(5) to, drink
2 (1) that, can't〔cannot〕
　(2) easy, for, to　(3) enough, to
　(4) what, to, do
3 (1) let us try it
　(2) me which book to buy
　(3) you to go there

解説

1 (1)「（人）に～してほしい」は〈want +
（人）+ to +動詞の原形〉。
(2)「（－は）…すぎて～できない」は too
... (for －) to ～。　(3)「～し終える」は
finish ～ing。
2 (1)「母はとても忙しいので夕食を料理で
きません。」　(2)「英語を勉強するのは
彼にとっては簡単ではありません。」
(3)「彼は新しい腕時計を買えるほどお金
持ちです。」　(4)「私は次に何をしたらよ
いかわかりません。」
3 (1)「先生は私たちにそれをやらせてくれ
ました。」　(2)「どちらの本を買うべきか
私に教えてください。」　(3)「彼があなた
にそこに行くように言ったのですか。」

44 分詞の形容詞的用法①

1 (1) living　(2) cutting
　(3) playing, are
2 (1) taking　(2) playing
　(3) running　(4) drinking
3 (1) girl, reading
　(2) talking, with, is
　(3) walking, along, are
　(4) living, in

解説

1**2****3** 〈現在分詞＋語句〉が後ろから前の
名詞を修飾している。（現在分詞の形容
詞的用法）
2 (1)「私は向こうで写真を撮っている男性
を知っています。」　(2)「私たちはピア
ノを弾いている女性を知りません。」
(3)「あなたは公園で走っている少年を
知っていますか。」　(4)「ジュースを飲ん
でいる子どもはメアリーです。」
3 (1)「あなたは本を読んでいるあの少女を
知っていますか。」　(2)「アンと話してい
る男性はスズキ先生です。」　(3)「通りに
沿って歩いている少女たちは私の姉〔妹〕
です。」　(4)「この村に住んでいるこれら
の人々は果物を育てています。」

45 分詞の形容詞的用法②

1 (1) built, by　(2) spoken
　(3) called　(4) held　(5) made
2 (1) shoes　(2) pictures
3 (1) written　(2) made, in
　(3) covered, with

解説

1**2****3** 〈過去分詞＋語句〉が後ろから前の
名詞を修飾している。（過去分詞の形容
詞的用法）
2 (1) the shoes <u>sold at the shop</u>「その店
で売られていたくつ」　(2) The pictures
<u>taken by Tom in Kyoto last month</u>「先
月京都でトムによって撮られた写真」
3 (1)「私はフランス人の女性によって書か
れたその本を読みたいです。」　(2)「私
はスイス製の時計を持っています。」
(3)「雪におおわれた山はとても美しかっ
たです。」

46 分詞の形容詞的用法③

❶ (1) singing (2) cooked
   (3) running
❷ (1) dancing (2) swimming, girl
   (3) broken, glasses
❸ (1) a (2) that (3) eat
❹ (1) He was looking for his stolen money
   (2) We saw the rising sun

(解説)

❸ (1)「おじはこの前の日曜日に中古車(使われた自動車)を買いました。」 (2)「あの泣いている少年はだれですか。」
(3)「昼食にゆで卵を食べましょう。」
❹ (1) steal - stole - stolen と変化する。
(2)「朝日」is rising sun。

47 分詞の形容詞的用法④

❶ (1) reading (2) built (3) spoken
❷ (1) smiling (2) singing
   (3) written (4) broken
❸ (1) met the man running along the river before
   (2) ever seen a ship called Asuka

(解説)

❶ (1)「本を読んでいる少年は私の兄[弟]です。」 (2)「あれは100年前に建てられた家です。」 (3)「英語は世界の多くの地域で話されている言語です。」
❷ (1)「私たちにほほえんでいる男性はだれですか。」 (2)「あなたは歌っている少年を知っていますか。」 (3)「その女性によって書かれた本は人気がありますか。」
(4)「この壊れたカメラを修理してくださいませんか。」

48 まとめテスト⑦

❶ (1) taking (2) playing (3) used
   (4) called
❷ (1) Look at that sleeping dog
   (2) swimming around the boat are
   (3) a chair made of paper
❸ (1) This is the bag bought by Rika.
   (2) Who is the boy reading the book?

(解説)

❶ (1) take a walk「散歩をする」 (2)「音楽室でギターを弾いている少女はユミです。」 (3)「これは私の両親によって使われている部屋です。」 (4)「私の祖父はタマと呼ばれるねこの世話をしています。」
❷ (1)「あの眠っている犬を見なさい。」
(2)「ボートの周りで泳いでいるあれらの動物はイルカです。」 (3)「これは紙でできたいすです。」

49 接触節①

❶ (1) he, speaks (2) I, like
   (3) I've, wanted (4) I, play
❷ (1) 私たちが飾ったクリスマスツリーはとても美しいです。
   (2) これは私の母がいちばん好きな花です。
   (3) これは私が3回歌ったことがある歌です。
❸ (1) The man I met in Nara was
   (2) book he wants is not in the store

(解説)

❶ (1)「彼が話す言語はスペイン語です。」
(2)「私が好きな科目は英語です。」
(3)「これは私が訪れたいと思っていた博

物館〔美術館〕です。」 (4)「私が演奏する楽器はフルートです。」

50 接触節②

❶ (1) ア (2) ウ (3) ア
❷ (1) talked, about
(2) worried, about
❸ (1) I, took (2) looking, for
❹ (1) The man you spoke to is my brother
(2) The pictures we looked at were very beautiful

解説

❶ (1)「私たちが一緒に遊んだ少年たちはとても親切でした。」 (2)「理科は私が興味を持っている科目です。」 (3)「私が手紙を書いている人はニューヨークに住んでいます。」
❷ (1)「これらは私たちが話していた写真〔絵〕です。」 (2)「彼は私たちが心配している生徒です。」
❹ (1) 不要な語は with。 (2) 不要な語は for。

51 関係代名詞①

❶ (1) who painted
(2) which comes after March is
(3) who knows well about music is
❷ (1) comes (2) were
❸ (1) 私にはピアノを弾くことができる友だちがいます。
(2) これは桜の木で有名な公園です。
❹ (1) like dogs which have long ears
(2) a letter from a friend who lives in China

解説

❶ (1)「みんながこの絵を描いた少女を知っ

ています。」 (2)「3月のあとにくる月は4月です。」 (3)「音楽についてよく知っている女性はホワイトさんです。」
❷ (1) 関係代名詞のあとの動詞は，先行詞 a student に合わせて3人称単数形にする。「彼女はカナダ出身の生徒です。」
(2)「父が作ったいすはすてきでした。」

52 関係代名詞②

❶ (1) that, changed
(2) that, fell, was
❷ (1) the children that are painting on the wall
(2) What is the animal that has a long nose
❸ (1) 中国語を話している男性はカトウ先生〔さん〕です。
(2) 私たちはトムによって開催されたパーティーに招かれました。
❹ (1) She is a student that comes from Australia.
(2) He has a dog that runs very fast.

解説

❶ (1)「これは私の人生を変えた本です。」
(2)「川に落ちた少女はジョンに助けられました。」

53 関係代名詞③

❶ (1) ヒロシが描いた地図
(2) 私たちが先週会った少女
❷ (1) that (2) are (3) bought
❸ (1) which〔that〕, buy
(2) that, with
(3) which〔that〕, Jenny, made
❹ (1) The movie which we watched was interesting

(2) the woman that my mother was talking

解説

❷ (1) 先行詞が a dog なので，that を用いる。

❸ (1)「これはトムが買いたいと思っていた本です。」 (2)「私が一緒に滞在している少女は私のメール友だちです。」
(3)「ジェニーが行った演説は私たちを感動させました。」

54 関係代名詞④

❶ (1) talking (2) made (3) bought
❷ (1) sleeping，on
(2) broken，by
(3) who〔that〕，is，sitting
(4) made，by
❸ (1) 私たちは，海で捕られた多くの種類の魚を買えます。
(2) 屋根の上で横になっているねこはクロです。

解説

❷ (1)「ソファーの上で眠っている少年はヒデキです。」 (2)「父は私に壊されたラジオを修理しました。」 (3)「いすに座っている少女はメアリーです。」 (4)「これは母によって作られたかばんのうちの1つです。」

55 まとめテスト⑧

❶ (1) who (2) that (3) which
❷ (1) dancing on
(2) broken window
(3) who〔that〕，had，blue
❸ (1) The girl we talked about is a student from Canada

(2) The building you can see over there is a hospital
❹ (1) doctor (2) Wednesday
(3) Breakfast

解説

❷ (1) 現在分詞の形容詞的用法を使った文に。 (2) 過去分詞の形容詞的用法を使った文に。 (3)「私は青い目をした少女に会いました。」

❸ (1) we talked about が先行詞 The girl を修飾している。 (2) you can see over there が先行詞 The building を修飾している。

❹ (1)「人々が病気のときに会いに行く人は医者です。」 (2)「火曜日と木曜日の間にくる日は水曜日です。」 (3)「朝食は私たちが朝に食べる食事です。」

56 間接疑問文①

❶ (1) she，is (2) it，is (3) he，is
(4) they，were (5) she，gets
(6) he，said
❷ (1) 私は，その歌手の名前が何なのか思い出せません。
(2) どちらの道を行くべきか私たちに教えてください。
❸ (1) know what he is thinking
(2) the boy how many students there were
(3) why it is not good

解説

❶❷❸ 間接疑問文の場合，疑問詞(＋語句)のあとは〈主語＋動詞〉の順。

57 間接疑問文②

❶ (1) who，took

(2) which, was, popular
(3) what, is

② (1) だれのかさがそこに残されているのかだれも知りません。
(2) 昨日何が起こったのか私に教えてくださいませんか。

③ (1) remember who visited here
(2) which book is better for you
(3) who cleans your room every day
(4) whose name was called by our teacher

解説

① (2)「どちらのカメラ」which camera
(3)「～の中に何があるか」what <u>is</u> in ～

③ 間接疑問文で疑問詞(＋語句)が主語になる場合は，〈疑問詞(＋語句)＋動詞〉の語順。

---

58 仮定法①

① (1) were, could (2) knew, could
(3) were, wouldn't
(4) weren't, could

② (1) If, studied, would
(2) If, weren't, couldn't
(3) If, weren't, would

③ (1) もし私があなたなら，そんな重要なことを忘れないでしょう。
(2) もしあなたが100万ドル持っていたら，何を買うでしょうか。
(3) もし私たちがコンピュータを1台も持っていなければ，何もできないでしょう。

解説

① 仮定法は〈If ＋主語＋動詞の過去形～，主語＋would〔could〕＋動詞の原形 ...〉で，「もし～なら，…だろう〔できるだろ

う〕」という訳になり，現在の事実と反対のことを述べるときに用いる。 (1)(3)
(4) 仮定法では主語にかかわらず，be動詞は were を用いる。

② (1)「もしトムが一生懸命に勉強すれば，成績はよいでしょう。」do well at school「成績がよい」 (2)「もし私が英語を話すのが得意〔上手〕でなければ，外国人と話すことはできないでしょう。」
(3)「もし晴れていなければ，私は気分が悪いでしょう。」

---

59 仮定法②

① (1) were (2) knew
(3) could speak (4) had

② (1) is, were
(2) remembers, didn't, remember
(3) is, were, not
(4) can't〔cannot〕, go, could, go

③ (1) 祖母がまだ生きていたらいいのになあ。
(2) 彼がそんなことを知らなかったらいいのになあ。
(3) 空を飛べたらいいのになあ。

解説

① (1)「鳥だったらいいのになあ。」 (2)「彼が真実を知っていたらいいのになあ。」
(3)「私の犬が話せたらいいのになあ。」
(4)「100万円あったらいいのになあ。」

② いずれの問いも，1文目には事実，2文目には事実と異なる願望が述べられている。

---

60 まとめテスト⑨

① (1) were, would (2) wish, had
(3) she, left

② (1) were (2) didn't, wouldn't

(3) where, they, were
(4) Aki, likes
3 (1) what was in the big box
(2) If this bridge were not broken
(3) how long it takes from here

解説

2 (1)「もし母がひまなら，彼女は夕食を作ることができるのに。」 (2)「もし彼らが毎日練習をしなければ，彼らは強いチームではないでしょう。」 (3)「私は彼らがこの前の日曜日にどこにいたのかわかりません。」 (4)「アキはどの本がいちばん好きかあなたは知っていますか。」

3 (1)「私はその大きな箱の中に何が入っているのか知っていました。」 (2)「この橋が壊れていなければ，その村を訪れることができるのに。」 (3)「ここから駅までどのくらい時間がかかるのか教えてくださいませんか。」

---

61 仕上げテスト①

1 (1) been (2) written (3) to use
(4) reading
2 (1) too (2) at (3) to see (4) It
(5) taken
3 (1) which〔that〕, were
(2) cannot〔can't〕
(3) I, like
4 (1) Is, called, Chibi
(2) which〔that〕, gave

解説

1 (1)「あなたは今までに屋久島へ行ったことがありますか。」 (2)「この本は英語で書かれています。」 (3)「私は彼らにそのコンピュータの使い方を教えました。」
(4)「彼女は新聞を読み終えました。」
2 (1)「彼は空腹すぎて働けませんでした。」

(2)「彼らはそのニュースに驚くでしょう。」
(3)「彼女はその俳優に会ってうれしく感じました。」 (4)「彼がこの本を読むのは難しいです。」 (5)「メグによって撮られたその写真はとてもすてきです。」

---

62 仕上げテスト②

1 (1) Has, been, raining
(2) were〔felt〕, could, eat〔have〕
(3) Have, read, written
(4) Let, borrow
2 (1) what, practices
(2) that, was, looking
3 (1) to ask you to do this
(2) saw her enter the room
(3) That is the girl I saw

解説

2 (1)「あなたは彼が何を練習するか知っていますか。」 (2)「私は彼女が探している少年を見つけました。」
3 (1) A「あなたにこんなことを頼んですみません。」 B「大丈夫。問題ありません。」
(2) A「カナはどこにいますか。」 B「その部屋に入るのを見ました。」 (3) A「ほら。あれは私が今朝見た少女です。」 B「ああ，彼女は京都から来た新しい生徒です。」